Tout ce qui nous empêche d'être heureux et ce qu'il faut savoir pour l'être

Fabrice Midal

Tout ce qui nous empêche d'être heureux et ce qu'il faut savoir pour l'être

Flammarion|Versilio

ISBN : 978-2-0804-1132-7

À Jean-Marc Benhaiem,
qui m'a ouvert tant de chemins
et m'a tendu la main au moment le plus nécessaire.

Sommaire

Préambule 13

1. *Surmonte ta gêne*
DIS « JE » 21

2. *Cesse d'être objectif(ve)*
ENGAGE-TOI 27

3. *Tu as le droit de te protéger*
SOUVIENS-TOI DE TON ARMURE 35

4. *Arrête de te sacrifier*
FAIS CE QUE TU DOIS 43

5. *Les objectifs t'obsèdent*
N'OUBLIE PAS LE CHEMIN 49

6. *Tu n'es pas un métro*
REJOINS LA VIE AVEC UN PAS DE CÔTÉ 57

7. *Ne bugge pas*
BRAINSTORME TA VIE 65

Tout ce qui nous empêche d'être heureux...

8. *Cesse de vouloir tout gérer*
AMUSE-TOI, C'EST PLUS UTILE 75
9. *Ne ralentis pas*
ENTRE EN RÉSONANCE 83
10. *Ne crains pas d'être touché(e)*
TA VULNÉRABILITÉ EST TA FORCE 91
11. *Fais alliance avec ta honte*
SOIS AU MIEUX AVEC TOI-MÊME 97
12. *Ne sois surtout pas zen*
PRENDS FEU 105
13. *Reprends les rênes de ta vie*
HABITE CHEZ TOI 113
14. *Ne cherche pas à te remonter le moral*
NOURRIS LE CHEVAL DE VENT EN TOI ... 121
15. *Ne vis pas en apnée*
LÈVE-TOI ET RESPIRE 129
16. *Dépose le fardeau de la culpabilité*
TU N'ES PAS TOUT(E)-PUISSANT(E) 137
17. *Ne méprise pas la routine*
APPRÉCIE LA FADEUR 145
18. *Dieu vomit les tièdes*
N'AIE PAS PEUR D'ÊTRE FOU 151
19. *Le loup n'est pas partout*
EXAMINE TES PEURS 159
20. *Ne te laisse pas dévorer*
APPRENDS À POSER DES LIMITES 165

21. *Tu n'as pas confiance en toi*
AIE CONFIANCE EN CE QUI EST PLUS GRAND QUE TOI 173

22. *Cesse de vouloir combler le manque*
TU N'AURAS JAMAIS TOUT 181

23. *Tu as perdu espoir dans la vie*
REGARDE CET ANIMAL QUI TE REGARDE... 189

24. *Ne te laisse pas brider*
RETROUVE TON DÉSIR 197

25. *Ne renonce pas à ta liberté*
ÉCOUTE CE QUE TU VEUX 205

26. *Ne te laisse pas écraser*
LIBÈRE-TOI DE LA LOGIQUE DE LA DOMINATION 213

27. *N'anesthésie pas la souffrance*
TRANSFORME-LA 221

28. *Oublie le prince charmant*
TROUVE L'AMOUR 229

Et vous, quand avez-vous été heureux ?......... 235

Remerciements 243

Préambule

Chaque fois que je vois mon père, il commence par me poser la même question : « Es-tu heureux ? »

Pendant des années, j'en ai été désarçonné, toujours gêné. Je trouvais sa question indécente et je ne savais pas quoi lui répondre. C'était l'époque où j'étais encore pris dans les filets d'une croyance, d'un mythe qui voudrait que le bonheur se résume à des intermèdes merveilleux, magiques, que l'on savoure dans l'instant présent et dont la répétition est le thermomètre. Une sorte de performance pour laquelle je n'étais pas du tout adapté. Hypersensible et plein de doutes, j'avais toujours l'impression de manquer ces épiphanies et donc de passer fatalement à côté du bonheur. Je ne voyais pas le rapport entre ce que suggérait la question de mon père et la réalité de ma vie quotidienne, avec les ennuis au boulot, les exigences de mon entourage, en somme toutes ces emmerdes qui font une vie. En même temps, je n'étais pas particulièrement malheureux. Mais heureux ?

Comme tout le monde, certaines de mes journées sont moins réjouissantes que d'autres. Ce mardi d'avril, il y a une quinzaine d'années, avait été l'une d'elles. Au boulot, chaque dossier était une chausse-trappe et rien n'avançait. Vers 15 heures, un ami très proche m'avait appelé. Il était seul, il se sentait littéralement étouffer, avait besoin d'aide. J'avais tout lâché pour me rendre à ses côtés, appeler les secours, l'accompagner à l'hôpital, le téléphone accroché à l'oreille pour résoudre, un à un, ces dossiers que j'avais laissés en suspens sur mon bureau. Je me sentais pris sous un rouleau compresseur d'urgences qui se succédaient sans fin. Le soir, de retour chez moi, je m'étais enfoncé dans mon canapé. La plupart des dossiers avaient été bouclés et mon ami avait reçu des soins vitaux et sortait de l'hôpital le lendemain. J'étais lessivé mais soulagé. En fait, j'étais plus que soulagé. Je savais que « j'avais fait ce que j'avais à faire ». J'étais en parfaite adéquation avec moi-même. J'étais heureux presque à en pleurer, mais je m'en étais voulu de penser à ce mot : « heureux ». Il me semblait tellement déplacé dans cette situation où je n'avais rien vécu de magique, de transcendant !

J'ai reconnu ce même sentiment quelques semaines plus tard, au cours d'une réunion de travail qui se déroulait de manière parfaite : pour une fois, nous étions tous en accord, et l'émulation nous avait aidés à réviser nos procédures, à prendre des décisions qui étaient depuis un certain temps en attente, et même à trouver des idées nouvelles qui relanceraient notre dynamique. Nous étions dans une sorte de parenthèse magique qui m'avait porté pour le reste de la journée. Étais-je heureux ?

Cette fois, vraiment intrigué, j'avais décidé de relire les philosophes grecs dont la vision du bonheur m'avait autrefois interpellé – et qui n'avait rien à voir avec les petits riens auquel on le réduit, pas plus qu'avec le bien-être ni avec la positivité que notre temps nous présente comme la panacée. Du bonheur, j'attendais autre chose…

J'avais attaqué ma pile de livres par l'*Apologie de Socrate*, qui retrace le procès du père de la philosophie jusqu'à sa condamnation à mort. Rien de réjouissant, me diras-tu. Certes, si ce n'est un passage où, répondant à ses amis qui le supplient de demander pardon en échange de la grâce, pour le crime de perversion de la jeunesse qu'il réfute avoir commis, Socrate leur avoue que son *daïmon*, cette sorte de voix intérieure qui l'a toujours guidé, lui conseille de refuser. Il ira effectivement jusqu'à la mort par fidélité à cette voix dont il avait toujours affirmé qu'elle était intervenue dans les décisions essentielles de son existence. Elle lui avait donné le courage d'avancer ou de s'arrêter selon que son action, son projet étaient ou non en concordance avec ses convictions profondes.

À ce stade de mon enquête auprès des Anciens, je me suis souvenu que les Grecs nommaient le bonheur *eudaïmonia*, ce qui signifie être en accord avec sa voix intérieure. « Connais-toi toi-même », la devise inscrite sur le fronton du temple de Delphes, serait-elle donc à entendre comme la clé du bonheur ? Connais-toi, c'est-à-dire découvre ce qui t'inspire, ce qui a du sens pour toi, ce qui t'habite, ce qui te nourrit. Va au-delà des apparences, des petites réjouissances qui ne sont que des ponctuations fugaces, va plus loin en toi pour savoir ce que signifie être heureux, pour toi. Socrate, qui avait fait sienne cette devise, a souvent rappelé, tout au long de ses dialogues, que l'on est heureux dès lors que l'on est fidèle à soi-même.

Aristote, Platon, les penseurs grecs qui les ont précédés et ceux qui leur ont succédé, ne disaient pas autre chose : le bonheur n'est en aucun cas un état, ni une sorte de « flash » ou de fulgurance, mais il est un chemin. Il est une émotion qui nous nourrit et qui est nourrie par tous les éléments de notre vie. Autrement dit, c'est l'aventure de la vie qui rend heureux.

Ce renversement m'a été salutaire. Il m'a autorisé à introduire le mot « heureux » dans ma vie d'hypersensible, même quand j'ai mal, même quand j'ai peur, même quand j'ai le sentiment de ne pas y arriver. Je l'ai progressivement compris dans son sens authentique : il est un antidote à la souffrance que nous vivons, aujourd'hui plus qu'hier parce que nous n'avons plus l'espace, le temps, la possibilité d'effectuer ce travail qui incombe à chacun, tout au long de sa vie. Douter, être inquiet, perdu, angoissé sont ainsi, dans l'entendement des Grecs, des tremplins vers le bonheur puisque ce sont autant d'indices qui nous indiquent la bonne direction – à condition de savoir les écouter, les interroger et, à partir de là, se réinventer de manière à être en adéquation avec soi pour construire un bonheur durable, profond, et non l'ersatz derrière lequel nous courons.

« Connais-toi toi-même » n'est pas, comme on pourrait le croire à première vue, le summum de l'égocentrisme et de l'enfermement sur soi. Ce n'est pas, non plus, une sorte d'indulgence coupable déconnectée du réel, des problèmes sociaux ou de ceux de la planète, ni une démission par rapport à nos devoirs. C'est, au contraire, un appel vers le monde et vers l'autre auxquels je suis intrinsèquement lié et sans lesquels je ne peux pas goûter au bonheur. Quand je suis en adéquation avec moi, je peux enfin sortir de ma coquille, voir ce qui m'entoure, retrousser mes manches et m'engager.

Ce chemin n'est pas ardu. Il est accessible à chacun d'entre nous, mais il demande de l'attention. En effet, contrairement au chat ou au chien qui sont chat ou chien sans le moindre effort, nous, humains, avons une quête à mener pour découvrir ce qui nous est vraiment naturel. Ce qui est important pour moi ne l'est pas pour toi, et ce qui me fait du bien à moi ne te procurera peut-être que peu de satisfactions. J'aime la solitude, la ville et la musique, tu te ressources peut-être avec tes amis, dans ta famille, dans le silence de la nature. Je m'oublie dans la peinture, tu préfères le bricolage ou une activité sportive. L'essentiel, pour chacun d'entre nous, est de savoir ce qui lui parle, et c'est ce que je vais t'apprendre à découvrir dans les pages qui suivent. Il serait dommage que tu passes à côté de ce que tu es et que tu ne puisses pas, par méconnaissance, rester fidèle à ce qui est là, en toi. Nous laissons si souvent cet essentiel se noyer, s'abîmer, se cacher derrière les nuages de nos préoccupations quotidiennes...

Tu réaliseras, à travers ce cheminement que nous allons accomplir ensemble, que le bonheur n'est lié ni au moment présent, ni à la compréhension psychologique de tes problèmes. Il est un art de vivre qui dépasse les Chief Happiness Managers essaimant les entreprises où leur rôle est de s'assurer que tout le monde est souriant, positif, sans histoires, sans états d'âme. Une surenchère qui participe d'ailleurs à notre souffrance.

Tu comprendras que le bonheur ne consiste pas à fuir ce qui te fait mal, mais à réveiller en toi des forces qui existent, des atouts dont tu ne soupçonnes même pas l'existence mais grâce auxquels tu iras de l'avant.

Le chemin que je te propose est fait de retournements. Chacun d'entre eux est un petit mouvement, un pas de côté, une autre manière d'aborder des situations que tu rencontres au quotidien. Tu as appris à les affronter par la face nord et à te cogner contre un mur infranchissable. Tu n'en es pas coupable, tes parents non plus. Eux, toi, nous tous sommes prisonniers d'une idéologie construite sur une vision sacrificielle et déshumanisante de l'existence, organisée autour de la gestion : ce que tu es ne compte pas, seul ce que tu produis vaut la peine d'être retenu.

À travers ces retournements, je vais t'amener à découvrir le chemin de la face sud, beaucoup plus accessible dès lors que tu l'as repéré.

C'est en fait à un changement radical de vie que je te convie. Car tu ne seras pas heureux(se) quand tout sera lisse, immobile et que tu n'auras plus aucun défaut, mais lorsque tu auras abandonné l'idée d'un bonheur positiviste et mécanique, d'un moi sans failles, et que tu auras conclu la paix avec ton imperfection.

Je te convie à un plaidoyer qui célèbre notre humanité.

Bonne route...

1

Surmonte ta gêne

DIS « JE »

Ici, maintenant, là où tu es, assis(e), debout, seul(e), chez toi, dans la forêt, au bord de la mer, là où il n'y a personne pour t'entendre, dis à voix haute : « Je. » Laisse-toi imprégner par ce « je ». Recommence.

Tu n'y arrives pas ? L'exercice te semble incongru ? C'est normal. Décryptons ensemble ta gêne.

Du « je », on t'a appris à retenir la violence – les « je veux », « j'exige », « je demande » qui sont fermés, étroits, qui excluent l'autre, tous les autres. Ton « je » te semble inconvenant parce qu'il va occuper toute la place. Toi, tu crains d'embarrasser, de faire savoir que tu as une place, que tu comptes. Or, cela aussi on te l'a appris, ce qui compte, c'est ce que tu fais, ta manière d'être utile, efficace, de répondre aux désirs des autres : tu es un bon employé, un bon parent, un bon enfant. En somme, tu n'as le droit d'être que lorsque tu t'effaces et accomplis ce qui est attendu de toi, au travail, dans ta famille, dans ta vie. « Je » n'a officiellement pas sa place.

« Je » n'est pas un pronom anodin, c'est vrai. Il n'indique pas seulement ce que je suis : un employé, une directrice, un homme, une femme, un mari et autres étiquettes derrière lesquelles il est si commode de se réfugier. Il est beaucoup plus que cela et désigne qui je suis. Et je suis bien plus que ce conglomérat d'étiquettes. « Qui je suis ? » est une question toujours ouverte. C'est une rencontre avec ce que je sens, avec ce que je pense, avec ce que je désire, avec ce que je vis, juste au moment où je me pose la question. Une heure plus tard, la réponse sera peut-être différente. Car « qui je suis ? » est en perpétuel mouvement.

« Ce » que je suis est le robot, la machine, le numéro. « Qui » je suis est l'être humain dissimulé derrière cette entité exécutante. Un robot, une machine, un numéro agissent mais, malgré toutes leurs vertus, ils sont incapables d'enthousiasme, cette voie d'accès à la plénitude du bonheur. Toi seul as le pouvoir de t'enthousiasmer quand tu acceptes de te laisser habiter, traverser par une idée, par une pensée, par une émotion, par la vie. Dire « je », c'est t'ouvrir à un quelque chose qui vient te visiter, t'animer, te réjouir, te porter en avant.

Tu es enthousiaste quand tu lèves les barrières qui te coupent du monde. Quand tu es pleinement dans ce monde, interagissant avec lui.

Des fleurs jaunes sont disposées dans un vase devant toi. « Ce que tu es » connaît le nom de ces fleurs, sait changer l'eau du vase et redresser mécaniquement les tiges qui se sont penchées. Tu es dans l'habitude, tu es ce que tu réalises, ce que tu produis. De la sorte, tu agis certes, mais tu ne te relies pas aux fleurs : sans t'en rendre compte, tu les as mises dans une case, et tes seules catégories de pensée à leur égard sont : utile ou inutile, efficace ou inefficace, approprié ou inapproprié.

« Qui tu es » est également capable de mener ce processus mais d'une tout autre manière, en créant un lien avec ces fleurs au lieu de se contenter de les instrumentaliser. Il se laisse nourrir par elles, par la relation qu'il a tissée avec elles. Il n'est pas statique, il peut vibrer, et cette vibration est l'amplitude du bonheur. « Je trouve qu'elles sont belles », et tu sens leur beauté en toi. « Je suis ému(e) de les avoir reçues », ton cœur s'ouvre. « Je suis content(e) de les avoir posées là », et tu es réconcilié(e) avec toi-même.

« Je » est en rapport au monde. Il est le réceptacle de l'émotion, de la sensation, de l'idée qui peuvent te réveiller, t'enthousiasmer, te déplacer. Te rendre heureux(se). Ne le néglige jamais.

« Je » est la pierre angulaire de l'édifice du bonheur que nous allons explorer ensemble.

***

Les 5 raisons pour lesquelles tu n'oses pas dire « je »

1. C'est inconvenant, grossier, égocentrique puisqu'on t'a appris à ne pas prendre de place, à ne pas te faire remarquer. Mais si personne ne dit « je », il n'y a plus que des robots !

2. La peur d'être rejeté(e). Elle te pousse à rentrer dans le moule pour ne pas faire de vagues. Le moule est sans doute accepté, mais toi ? Où es-tu si tu tais ce que tu aimes, ce que tu n'aimes pas, ce que tu préfères ?

3. La crainte de s'engager. Effectivement, si tu choisis la pomme, tu renonces à la banane. Tu as peur d'effectuer le mauvais choix, de perdre une possibilité… et tu préfères ne rien faire plutôt que d'être déçu(e). Mais du coup, il ne se passe rien et tu es malheureux(se). Sans la pomme ni la banane…

4. Le besoin de reconnaissance. Nous avons tous besoin de reconnaissance pour exister, mais nous estimons qu'elle doit émaner d'une instance extérieure (la société, les parents, l'entreprise, la direction, etc.), seule habilitée à dire qui nous sommes et ce que nous avons le droit d'exprimer. Or, tu es, pour toi, ce qui t'autorise à être, à dire, à exister. Fous-toi la paix !

5. La difficulté. Pourtant, il n'y a rien de plus facile que de sauter le pas pour dire à l'autre « je t'aime », « je suis triste », « j'ai envie de sortir ». Ce petit effort que tu effectueras a une immense vertu d'apaisement.

Chacun d'entre nous, nous tous, sent que sa vie n'est pas celle de tout le monde, et c'est absolument vrai, infiniment vrai. Pour vivre une vie absolument originale, il suffit d'être soi-même.

Agnès Martin

2

Cesse d'être objectif(ve)

ENGAGE-TOI

Le grand orateur, la grande oratrice a le pouvoir de galvaniser ceux et celles qui l'écoutent, se laissant en même temps emporter par un mystérieux mouvement qui nous transcende.

Je place dans cette catégorie l'une de mes professeures de français. C'était une femme sévère, ses cours n'étaient pas particulièrement intéressants. J'étais en classe de première, nous étions en hiver et elle nous parlait depuis une demi-heure d'un poème de Saint-John Perse. Je ne comprenais pas un mot à son discours, j'étais pris entre l'énervement et la lassitude, je regardais par la fenêtre en attendant que le temps passe, que le cours se termine, que la cloche sonne, que je puisse enfin sortir.

Sentait-elle l'ennui profond qui émanait de nous tous ? D'un coup, elle avait changé de discours. Posant ses papiers sur son bureau, elle nous avait interrogés : « Savez-vous pourquoi j'ai choisi de vous parler de ce poème ? » Sans attendre notre réponse, elle avait poursuivi : « Depuis que je l'ai lu, il y a plus de vingt ans, je n'ai plus jamais regardé les oiseaux de la même manière. »

En parlant en « je », cette femme renonçait à sa position de toute puissance objective, écrasante, pour s'ouvrir à la rencontre. Surpris, nous avions tous levé la tête en même temps et nous l'avions regardée. Elle avait continué à raconter le poème, en « je » cette fois, et en l'écoutant, je voyais l'oiseau comme elle le voyait elle-même. Plus elle parlait, plus le texte cessait d'être théorique, abstrait, forgé de mots sur une page. À travers l'expérience purement subjective qu'elle avait vécue et qu'elle nous dévoilait, il s'animait. Nous tous étions enfin en lien avec lui, capables de le comprendre.

En fait, dans la classe, tout s'animait, redevenait vivant par le seul pouvoir du « je ». La voix de notre enseignante avait elle-même changé : elle était moins formelle, moins fabriquée, plus juste. Notre enseignante avait changé : ses yeux brillaient, elle n'était plus figée mais ses mouvements avaient une ampleur qui traduisait sa joie de partager avec nous ce qui lui tenait tellement à cœur. Elle reprenait vie.

Trente-cinq ans plus tard, je me souviens encore de l'émotion qu'elle avait réveillée en moi, du bonheur que j'avais vécu à ce moment-là. J'étais heureux parce que j'étais concerné. Je n'ai plus jamais regardé un oiseau de la même manière. Quant à ce poème, je ne l'ai jamais oublié, à l'inverse de beaucoup d'autres textes et poèmes qui m'ont été enseignés.

Nous avons tous eu l'occasion d'écouter des exposés, des interventions, des discours bien construits, nourris de tas de données et de références, mais qui ne laissent aucune trace sur nous. Ils sont qualifiés d'intéressants, jamais d'exaltants. Ils peuvent nourrir une réflexion intellectuelle, mais ils n'emportent pas l'adhésion, ils ne réveillent pas de passions. Pas plus au sein de l'assistance qu'auprès de l'orateur ou de l'oratrice. Ils ne sont pas forcément dénués d'intérêt, mais ils ne transportent pas. Ils me font penser à ces conversations polies mais si banales qui ponctuent les réceptions. On y échange des politesses… mais se souvient-on vraiment le lendemain de ce que l'on a pu y entendre ?

Ces conversations, ces discours ont une particularité : ils cèdent à la dictature du « on ». Répétant des propos convenus, attendus, ils n'engagent pas le locuteur. Ils restent extérieurs à lui. En fait, ce dernier ne parle pas : « on » parle à travers lui. Faute d'âme, ces propos sont ternes, sans couleurs, d'une objectivité désincarnée.

En revanche, quand tu dis « je », un « je » réellement nourri de ce que tu es, de ce qui est vivant en toi, tu t'adresses à quelqu'un. Inconsciemment, tu inscris un nom et une adresse sur une enveloppe : ton message a un destinataire, il n'est pas jeté dans le vide. Ton propos s'incarne. Il laisse de la place au réel, à l'altérité, à l'accident, au hasard, à la chance. À l'enthousiasme qui est, par définition, une ouverture au monde.

Quand je m'étais lancé dans mes premières conférences, je ne connaissais pas encore la puissance du « je ». Pour moi, dire « je » était même malvenu. Je ne m'imaginais pas embarrassant mes auditeurs avec ma personne, mes histoires, mes problèmes, mon point de vue, alors qu'ils étaient venus m'entendre discourir sur la philosophie, la méditation ou l'art. C'était une erreur considérable : je leur présentais de beaux gâteaux derrière une vitrine. Ils ne pouvaient ni les goûter ni s'en nourrir.

J'en ai pris conscience devant *L'Intérieur aux aubergines*, l'une des plus belles toiles de Matisse, que je présentais à des étudiants de l'École des beaux-arts de Grenoble. Je connaissais mon sujet, je savais quand ce tableau avait été peint, avec quelle technique, j'étais incollable sur la théorie de sa composition, sa place dans l'histoire de l'art, la révolution qu'il avait entraînée. Les étudiants m'écoutaient sagement, certains prenaient des notes, mais ils n'étaient visiblement pas concernés.

À un moment, j'ai ressenti au plus profond de moi que je devais m'arrêter, cesser de répéter une leçon et accepter d'être là, maintenant, dans le présent, d'exprimer ce que je ressentais face à ce tableau et pourquoi il faisait sens pour moi à cet instant précis où j'étais face à eux. J'ai aussitôt recommencé à le voir dans sa réalité : un feu d'artifice dans lequel on peut, on doit se perdre, une symphonie entière, avec tous les instruments montant en intensité. J'ai partagé ce sentiment, j'ai parlé en abandonnant mon esprit logique, mes habitudes, mon confort. Je me sentais enfin en joie, en plénitude, ce qui était loin d'être le cas quand j'avais démarré mon exposé. Et je regardais les étudiants : eux aussi n'étaient plus seulement devant une œuvre, mais en face d'une expérience dont je leur avais offert la possibilité. Ils étaient heureux, cela se lisait dans leurs regards. J'en éprouvais une énorme satisfaction à laquelle je peux donner le nom de bonheur.

Le grand orateur, la grande oratrice, fournit des informations, il ou elle est certes objectif(ve), mais ne se contente pas de la froideur des faits, des chiffres. Cette personne livre en même temps son rapport personnel à ces informations, à ce sujet auquel elle donne enfin vie. Elle s'engage, elle se met en présence, elle touche, elle est vivante. Son discours, sa conférence, se transforment en une aventure unique, vivante. Elle est en lien avec toi, avec les autres, avec le monde. Et toi qui l'écoutes, tu vis cette communion, tu sens ton cœur qui s'ouvre.

En prenant conscience de « qui » je suis, en accordant à l'autre accès à ma vraie personne, je m'autorise et j'autorise l'autre à être touché(e), je l'interroge, je me relie à elle, à lui, je l'embarque avec moi. Nous avons la possibilité de nous enthousiasmer ensemble, d'accéder au bonheur d'une humanité qui chante.

En revanche, tant qu'un discours ou un exposé restent vides de « je », donc vides de vie, ils ne peuvent pas porter : reconnais que personne n'a envie de s'engager pour des cases...

Existe, cesse de te cacher derrière la pure objectivité, raconte-toi, raconte ce que tu sais, ce que tu vois. Autorise le bonheur à entrer dans ta vie.

Il y a déjà du courage, de la hardiesse, à quitter son abri privé et à faire voir qui l'on est, à se dévoiler et à s'exposer.

Hannah Arendt

3

Tu as le droit de te protéger

SOUVIENS-TOI DE TON ARMURE

Pour se protéger lors des combats ou des tournois, les chevaliers du Moyen Âge revêtaient une armure les recouvrant entièrement : un heaume, un plastron, une dossière, une cotte de mailles, une cuirasse… Pas un morceau de leur chair ne transparaissait. L'armure était généralement décorée aux couleurs des armes du roi ou du seigneur auquel le chevalier avait fait allégeance, ce qui permettait de le « situer » parmi les autres chevaliers. Mais derrière elle, l'individu conservait son anonymat : il n'était que le serviteur dévoué de son seigneur.

Cette tradition a perduré jusqu'à nos jours. En effet, comme les chevaliers d'antan, mais sans nous en rendre compte, nous nous dépêchons, pour rentrer dans l'arène du monde social, de revêtir notre armure qui indique aux autres « ce que je suis » : le mec sympa, la fille efficace, la personne sérieuse, le parent modèle, l'employé dynamique, la petite souris… Rien de nous-mêmes, de notre chair, de nos besoins, de nos souhaits, de nos particularités, de ce qui nous constitue, n'est révélé.

Le chevalier faisait fabriquer son armure. Nous, nous la construisons de nos propres mains en fonction de ce que nous pensons devoir être, de l'image que nous pensons devoir projeter. Elle représente notre fonction au sens large du terme, c'est-à-dire en quoi nous sommes utiles.

Grâce à cette armure qui devient carapace, tu ne te montres pas : tu es le chevalier lambda, appartenant à telle catégorie, à tel groupe, qui ne dit rien de ce qu'il ressent, de ce qu'il éprouve, de ce qu'il vit. À force, tu ne te le dis même plus à toi-même : tu te coupes de ce que tu aimes, de ce qui t'émeut, te fait vibrer. Tu ne vibres plus mais, en revanche, tu es dans la norme des autres chevaliers que tu côtoies au quotidien, aussi bien dans ton univers professionnel que personnel.

Ne jetons pas le bébé avec l'eau du bain. Une armure a ses bienfaits. Dans le passé, elle a protégé bien des chevaliers qui la revêtaient pour affronter une épreuve, relever un défi, se battre puis triompher sans y laisser leur vie. Mais, à la fin du combat, les chevaliers ôtaient leur armure qui était lourde, et ils retrouvaient leur identité pour rencontrer la dame, partir à l'aventure, travailler, se projeter dans l'avenir. De plus, même quand il était sous son armure, le chevalier du Moyen Âge savait ce qu'il pensait, ce qu'il aimait, ce qu'il voulait. Il n'était pas dupe de cette protection nécessaire à ce moment de sa vie, celui du tournoi ou du combat, inutile à d'autres moments.

Nous, nous imaginons que nous sommes tout le temps en tournoi, dans l'épreuve, que la vie est un combat perpétuel. Nous ôtons d'autant moins notre armure qu'elle est symbolique, métaphorique : nous l'oublions sur nous, nous nous identifions à elle. Il est juste que tu la portes pour te protéger lors d'un entretien difficile avec ton chef, d'une négociation avec un client, quand tu es en représentation. Mais ensuite ?

Le drame advient quand l'armure se substitue à ton identité. Aucun être humain ne peut survivre ainsi : avec le temps, tu étouffes, tu nécroses la vie en toi. Tu ne perçois même plus ce que tu ressens, et c'est un drame – la porte royale vers le burn-out, la déprime, la fatigue, le trop-plein, l'explosion ou, à l'inverse, l'extinction. Tu n'es plus là, et tu ne sais pas pourquoi tu es si mal dans ta peau, dans ta vie.

L'armure donnait au chevalier l'allant pour aller au combat. Elle l'autorisait à s'enthousiasmer, donc à vaincre. Il la chérissait et, à l'issue de l'épreuve, il l'ôtait, l'huilait, l'astiquait. Nous, nous la laissons rouiller et nous perdons toute possibilité d'interaction avec le monde. Elle devient un barrage entre nous et le monde, entre nous et nous-mêmes. Elle nous coupe alors de toute possibilité d'enthousiasme, de bonheur, c'est-à-dire de vie.

Garde ton armure près de toi : tu ne sais jamais quand tu peux avoir besoin de la revêtir et de bénéficier, grâce à elle, du bonheur d'être habile, de franchir les obstacles, de traverser les défis, de te défendre sans agression, de triompher. Aie confiance en elle pour te protéger quand cela est nécessaire. En revanche, sache aussi être flexible et l'ôter pour découvrir le bonheur d'être dénudé(e), de te laisser aller à ce que tu es comme tu es...

Comme ta peau qui accueille la première brise printanière et frémit de plaisir, autorise le bonheur à venir chatouiller ton âme.

***

Comment mettre ton armure ?

Rentre dans la fonction que tu dois jouer, qui est la tienne : tu es le professeur, le médecin, l'agent immobilier. Tu « fais le taf », comme on le dit aujourd'hui, point à la ligne, sans te laisser déborder. Grâce à elle, ce que tu es peut se mettre en veille, et toi-même reste objectif(ve), reviens aux seuls faits, appuie-toi sur des arguments précis. Ainsi, tu ne te laisses pas envahir ni déborder. Tu es dans la fonction et elle te protège. Tu peux ne rien prendre de ce qui t'est dit à titre personnel et ne pas en être chagriné(e).

Quand mettre ton armure ?

Ton armure va t'être utile pour te protéger et ne pas te laisser atteindre :

– quand tu as un rendez-vous de boulot avec un connard et que tu ne veux pas te laisser déstabiliser ;

– face à un client empoisonnant ;

– avec ta famille quand tu es sur le point d'être dévoré(e) ;

– avec ces personnes qui savent détecter tes points faibles et t'envoyer illico un scud qui te fait saigner.

Quand ôter ton armure ?

Elle est comme un masque sanitaire que tu conserves à portée de main. Ne la revêts pas d'emblée dès que tu te réveilles ! Commence par t'autoriser à être juste comme tu es. En tournoi, elle t'est indispensable, mais en dehors du tournoi, n'oublie pas de l'ôter. Cela te sera d'autant plus aisé que tu garderas en tête l'idée que cette armure est près de toi et qu'elle est là pour te protéger. Avec un peu d'entraînement, tu sauras la revêtir très vite – et l'ôter tout aussi vite.

Savoir se défendre intelligemment, c'est porter l'armure à bon escient.

Miyamoto Musashi

4

Arrête de te sacrifier

FAIS CE QUE TU DOIS

Jean savait que son mois de novembre serait chaotique : comme chaque année à la même date, son entreprise croulerait sous les contrats en prévision des fêtes et, malgré la mobilisation de ses salariés et le recours à des intérimaires, il se préparait aux nuits presque blanches passées dans son atelier, au milieu des machines.

À la mi-octobre, sa sœur, qui s'était séparée quelques mois plus tôt de son conjoint et ne s'en remettait pas, se fit pressante : « Je t'ai réservé un billet, tu nous accompagnes, les enfants et moi, pour les vacances de la Toussaint. » Jean tenta d'argumenter, sa sœur lui reprocha de l'abandonner, de ne pas prendre les enfants en considération, en somme d'être un égoïste qui ne pensait qu'à lui. C'était le mot fatal : il commença à culpabiliser. Sa mère, son frère le poussèrent dans ses retranchements : lui qui était célibataire ne pouvait évidemment pas abandonner sa sœur dans cette période difficile, il devait « prendre sur lui » et l'accompagner, et d'ailleurs ces quelques jours au soleil ne pourraient que lui faire du bien. C'était l'avis partagé par la majorité de ses proches. Personne ne voyait qu'il était malheureux.

J'avais vu Jean à son retour de « vacances ». Il était nerveusement épuisé et s'en voulait encore plus de n'avoir pas profité de cette parenthèse : ses pensées étaient restées dans son atelier, son stress s'était lu sur ses traits, sa sœur lui en avait voulu d'être nerveux, pas suffisamment présent et, de fait, ni elle ni ses enfants n'avaient eu besoin de lui pour s'amuser. Il s'était inutilement sacrifié.

Quand j'avais prononcé ce mot, il avait sursauté, s'était indigné. Non, m'avait-il dit, il n'avait jamais envisagé ces vacances forcées comme un sacrifice, mais il avait voulu « faire plaisir » à sa sœur et aux enfants. Et puis, ajouta-t-il, « il le fallait ». Certes, il ne leur avait pas vraiment « fait plaisir » puisqu'il avait passé la moitié du temps au téléphone et l'autre moitié à se ronger les sangs, il ne s'était pas « fait plaisir » non plus, mais il n'imaginait pas une alternative qui aurait pu être possible.

Jean avait été victime de la logique sacrificielle qui s'infiltre en contrebande dans nos vies. On ne se rend même pas compte de sa présence, et pourtant elle est là, elle nous emprisonne et nous rend malheureux(se). Cette logique omniprésente obéit à une injonction abstraite, une sorte de monstre qui nous dévore et qui a pour nom : « Il faut. »

« Il faut » me fait songer aux divinités d'antan auxquelles étaient offerts des sacrifices sanglants, y compris des vies humaines (puisqu'« il le fallait »). Nous-mêmes nous nous immolons littéralement pour ce même « il faut ». Dans une tentative désespérée de l'amadouer, nous tuons notre « je », nous écrasons nos désirs, notre bonheur, notre joie de vivre et nous nous soumettons sans même chercher à nous interroger. Comme si nous étions coupables d'avoir un « je » et qu'il nous fallait expier.

Interroge-toi : combien de fois par jour agis-tu au nom du « il faut » pour entreprendre quelque chose dont tu n'as pas envie, qui n'est pas nécessaire et qui, de surcroît, n'apporte un rayon de joie à personne ? Et maintenant, interroge ce « il faut » : d'où vient-il ? De la vraie morale, d'une vraie nécessité ? Où est-ce un fantôme de commandeur terrifiant ? Si tu es honnête avec toi-même, tu constateras que ce fantôme te guide bien plus souvent que tu peux l'imaginer.

Évidemment, la vie n'est pas un grand parc de loisirs et nous agissons aussi fréquemment par devoir. Mais le devoir n'est pas le sacrifice.

Le devoir, ce sont les visites hebdomadaires d'Éva à sa vieille mère, tous les vendredis matin. Elle s'assure qu'elle ne manque de rien, la prend parfois en promenade et la ramène avant le déjeuner. Sa mère aimerait bien qu'elle reste pour le repas, ou alors qu'elle vienne l'après-midi, mais Éva a d'emblée fixé des limites pour profiter du reste de sa journée. Céder à tous les desiderata de sa mère la rendrait malheureuse. Elle n'en a en réalité pas la force ; ce serait, pour elle, un vrai sacrifice qui lui coûterait, la plomberait, l'alourdirait. En revanche, elle effectue son devoir le cœur léger parce qu'elle sait que son action est juste, morale, éthique. D'ailleurs, ces limites, parce qu'elles sont respectées, ont fini par nourrir leur relation. Depuis quelque temps, il arrive qu'Éva reste déjeuner avec sa mère. Par plaisir…

Apprends à repérer les moments, malheureusement nombreux, où, croyant agir pour le mieux, tu te sacrifies, tu t'immoles. Pourquoi faut-il qu'en revenant du travail, et malgré ta fatigue, tu t'arrêtes acheter des légumes et t'évertues à les préparer alors qu'il te reste des pâtes et qu'après tout, demain c'est jour de marché et qu'hier, tu as gâté ta famille avec ta ratatouille maison ?

Libère-toi du fantôme « il faut » qui t'étouffe souvent inutilement. Tu ne te rends pas forcément compte de sa présence pourtant si pesante. Prends le temps de repérer son action dans ta vie, entame ce chemin qui est celui d'une grande délivrance. C'est alors que tu sauras respirer.

***

Comment reconnaître un sacrifice d'un devoir ?

Tu ne sais pas si tu es pris(e), ou non, dans une logique sacrificielle ? Accorde-toi quelques secondes pour te poser ces deux questions qui sont loin d'être anodines et y répondre en toute honnêteté :

1. Suis-je heureux(se) d'accomplir cette action ? Le devoir procure une forme de bonheur. En revanche, avec le sacrifice, tu te sens pris(e) en tenailles, obligé(e). Et toi, qu'éprouves-tu face à ce qui t'est demandé (ou que tu t'infliges) ?

2. Est-ce que cette action émane d'un « je », de toi, d'un besoin de t'accomplir, de te respecter, ou bien t'est-elle imposée par cette instance terrifiante qu'est le « il faut » ?

Une fois que tu as répondu à ces deux questions, souviens-toi que tu n'es pas en faute si tu dis « non ». Au moins de temps en temps…

Qui seulement fait de toute son âme ce qu'il doit faire, ne s'égare jamais.

Friedrich Hölderlin

5

Les objectifs t'obsèdent

N'OUBLIE PAS LE CHEMIN

Accroître la productivité de l'équipe de 12 % avant la fin du trimestre sous peine de ne recevoir ni prime ni avancement, perdre 4 kg avant l'été pour se permettre de porter un maillot de bain sur la plage, boucler tel dossier avant la fin de la semaine même s'il manque des éléments parce que c'est le délai imparti par la direction…

Les « objectifs » sont le mantra de notre époque. Toujours chiffrés (ou datés), ils transforment notre vie en un grand cahier de comptabilité. Ils ne nous sont évidemment pas présentés comme un instrument de torture, mais comme des outils d'auto-évaluation, de progression et même de bonheur que nous sommes supposés éprouver une fois l'objectif atteint.

Alors, comme un hamster dans sa roue, tu cours derrière tes objectifs, c'est-à-dire derrière des chiffres, des numéros. C'est vrai, atteindre l'objectif te procure quelques minutes de soulagement : tu as terminé, en une heure de cours, tel chapitre du programme, tu as pris la tension et la température de dix malades en un quart d'heure, ouf, c'est fait ! Mais te voilà aussitôt totalement orienté(e) vers l'objectif suivant, obsédé(e), rongé(e) par lui, dans l'incapacité de te réjouir, d'être en mouvement, de cheminer, de questionner, d'avancer, de créer. L'objectif est un tue-bonheur.

L'objectif me fait songer à un départ en vacances. Les valises sont toutes calées dans la voiture, les enfants sont plutôt calmes, tu es entièrement focalisé(e) sur ton but : rejoindre l'autoroute, éviter les arrêts inutiles et arriver le plus vite possible à destination, 500 kilomètres plus loin. Tu ne te réjouis pas du trajet, il est même une corvée, mais tu auras ensuite quinze jours de tranquillité.

Le problème est qu'à force de cumuler les objectifs, nous ne vivons que ces départs et ces trajets, sans le bonheur des vacances. Aussi bien dans notre vie professionnelle que familiale ou sentimentale, la seule chose qui compte est d'y arriver le plus vite possible. Et, à peine arrivés, nous ne nous reposons pas, nous ne savourons pas, nous partons aussitôt sur un autre objectif, pour une autre destination. Nous sommes, du matin au soir, sur une autoroute, courant derrière le temps, les chiffres, les résultats.

Bien sûr, les objectifs participent de la vie. Mais si ta vie se résume à atteindre des objectifs, tu ne crées plus, tu ne t'amuses plus, tu ne trouves plus de sens à ton action. Les yeux rivés sur eux, obsédé(e) par eux, tu te sens en permanence coupable de ne pas les avoir encore atteints. Ils ôtent ainsi toute saveur à ton quotidien.

« Ne t'attarde pas à l'ornière des résultats. » Quand lui est venu ce vers, le poète René Char était le capitaine Alexandre. C'était pendant la Seconde Guerre mondiale et ce capitaine-là ne rêvassait pas derrière son bureau : il commandait un bataillon de résistants et risquait sa vie tous les jours sur le terrain. Sa mission était de sauver un pays, mais il avait compris que s'il voulait la mener à bien, il devait aller, avec ses hommes, au-delà des objectifs, de la routine, de l'ornière, et avancer sur un chemin. Il n'avait pas des objectifs, mais un projet.

Le projet est une orientation, plutôt qu'un but. Il est l'étoile du Nord qui t'indique la direction vers laquelle te diriger. Tu n'as pas besoin d'avoir les yeux rivés sur elle pour savoir qu'elle t'accompagne ! Contrairement aux objectifs, le projet t'anime au quotidien sans t'aveugler, il t'habite, il ne te soumet pas, il te sort de l'ornière et révèle les ressources que tu as en toi.

J'ai moi-même longtemps porté un projet : la mise sur pied d'un centre de méditation où l'on n'apprendrait pas à se calmer mais, bien plus que cela, à se foutre la paix. Ce centre n'a jamais été pour moi un objectif : tout au long de mon cheminement dans ce projet, je ne l'ai jamais quantifié, je ne me suis jamais fixé un délai pour l'inaugurer. Il n'était pas un but pour moi quand j'ai créé l'École de méditation, néanmoins, il a certainement structuré la manière dont j'ai imaginé cette école.

Pendant des années, chaque jour ou presque, je pensais à mon projet. Pas tout le temps, mais à l'occasion de rencontres, de lectures, de visites. Il m'a conduit à me réinventer en acceptant d'être bousculé, d'apprendre, de grandir. Il m'a nourri. Avoir ce projet en tête m'a fait jubiler durant toutes ces années : il colorait mon présent, animait chacun de mes pas, le rendait moins lourd à effectuer. Le chemin m'enthousiasmait, avec ses surprises, ses ravissements, ses détours, ses hasards. C'est d'ailleurs tout à fait par hasard que j'ai trouvé le lieu dont j'ai d'emblée su qu'il accueillerait ce centre. Quand il a effectivement vu le jour, quelques mois plus tard, il était bien plus vaste que ce qu'un objectif aurait osé déterminer. Mais surtout, son établissement avait été une aventure passionnante et non un épuisant travail.

Ton objectif est de trouver quarante nouveaux prospects ? Plus tu te laisses obséder par ce résultat, moins tu peux l'atteindre : la pression que tu ressens se mue en angoisse, tu serres les dents pour avancer quoi qu'il t'en coûte. Mais tu n'avances pas, ou très lentement.

– Prends conscience de cette pression qui te tétanise, accepte qu'elle n'est pas juste et te fait perdre tes moyens.

– Tente d'oublier ton objectif quand tu rencontres un prospect. Savoure plutôt la rencontre. Intéresse-toi à ce qu'il te dit, indépendamment de son statut de « prospect ».

– Tu ne perds pas ton temps, au contraire ! Tu crées un lien.

– Laisse-toi étonner par les capacités que tu as en toi : capacité d'imaginer, de créer, d'emporter l'autre dans ton projet.

– Laisse aussi se révéler à toi les petits coups de pouce du hasard que le chemin te présente sans cesse pour t'aider dans ta traversée.

L'une de mes amies travaille dans une agence bancaire. Il fut un temps où, écrasée par les objectifs qui lui étaient donnés, elle recevait ses clients à la manière d'un automate, obsédée par les produits qu'elle pourrait leur vendre. Face à son insistance, ou peut-être pour lui faire plaisir, certains signaient… mais se rétractaient une semaine plus tard. Elle cumulait certes ses points, mais elle n'avait plus d'allant. Ses journées étaient dénuées de sens. Un matin, elle mit le holà à cette comédie. Elle consentit à l'effort d'emprunter des sentiers de traverse pour retrouver du plaisir. Avec ses premiers clients de la matinée, elle remisa ses objectifs et prit la peine de les écouter et de s'écouter. Elle leur conseilla le produit qui lui semblait adéquat à leurs propres projets. Il en fut de même l'après-midi, puis le lendemain. Mon amie, qui a toujours été curieuse des autres, intéressée par eux, retrouvait l'essence de son métier et, avec lui, son enthousiasme. Elle était à nouveau en complet accord avec elle-même et avec les valeurs qui l'animaient. Le soir, elle rentrait chez elle plus légère, heureuse et fière de sa journée. Et tu sais quoi ? Quinze jours plus tard, elle avait déjà atteint ses objectifs du mois...

***

COMMENT TRANSFORMER UN ACHAT DE CHAUSSURES EN PROJET ?

Voilà une corvée qui te pèse : tu dois acheter de nouvelles chaussures, à la fois confortables et élégantes, à porter demain, pour le mariage de ta meilleure amie. Tu y penses depuis une semaine, mais tu n'as jamais le temps. Tu sens que tu ne vas rien trouver qui te plaise.

Tu as deux solutions. La première est d'y aller en te répétant que c'est une corvée mais que tu ne reviendras pas sans avoir rempli ton objectif ; tu te laisses écraser par ce devoir. La deuxième consiste à commencer par imaginer en quoi ces chaussures te feront du bien, le plaisir qu'elles t'apporteront, et à partir ensuite à l'aventure avec l'idée de te laisser surprendre. Nourris-toi de cette joie !

Techniquement, l'objectif existe dans le futur et tu te bats pour l'atteindre le plus vite possible ; tu restes frustré(e) tant que tu ne l'as pas rejoint. Le projet, lui, est une orientation, une direction vers laquelle tu tends, mais il est déjà présent et se constitue au fur et à mesure que tu avances sur le chemin.

Le projet colore ton présent, alors que l'objectif, qui te tend uniquement vers demain, lui enlève toute couleur.

Quand je fais ce que je fais de tout mon cœur, je vide mon âme de son trop-plein. Je la remplis d'autre chose… de présence, de silence, de bonté, de beauté.

Simone Weil

6

Tu n'es pas un métro

REJOINS LA VIE AVEC UN PAS DE CÔTÉ

Je connais une femme qui se désespère de ne pas être en couple. C'est une belle femme, mais elle a un défaut majeur : son angoisse envahissante de rester seule. C'est son tunnel qui ternit toutes ses rencontres. Obsédée par son problème, elle en parle à tout le monde, elle le déverse sur tout le monde : ses amis, ses collègues, et surtout sur chaque homme qui croise son chemin. Elle en oublie de s'intéresser à l'autre, de prendre le temps de créer une vraie relation, de laisser une alchimie éclore. L'intensité de son désespoir effraye. Son urgence fait fuir. À l'heure où j'écris ces lignes, elle est encore seule et toujours malheureuse.

En me lisant, tu t'étonnes de ma candeur et tu te dis que pour cette femme, la solution est pourtant évidente et le pas de côté n'est pas si compliqué : il consiste à sortir de l'urgence qui se lit dans chacun de ses mots, dans toute sa manière d'être, et qui terrorise chaque homme susceptible de s'intéresser à elle. Tu as raison. Son urgence, son obsession l'empêchent en effet d'entrer dans le bonheur de la rencontre, du lien, de la découverte de l'autre, indépendamment de toute velléité d'engagement.

Mais vois-tu, très souvent, toi, moi, nous tous fonctionnons à son image, vissés sur nos rails, dans notre urgence de trouver tout de suite une solution à notre problème, les « je n'ai pas d'amis », « je n'ai pas d'argent », « j'ai trop de travail », « je n'ai pas assez de travail », « mon fils (ou ma fille) n'étudie pas assez », et j'en passe...

Comme un métro, nous restons enchaînés sur ces rails, entre les murs de ce tunnel. Nous desservons les stations. Nous partons d'une bonne intention, nous pensons même que c'est le meilleur, voire le seul moyen d'agir, d'avancer. Nous prenons de front le problème, la tâche, la journée et nous les laissons envahir tout notre champ de vision. Nous nous emprisonnons dans ce tunnel où rien d'autre n'existe. Nous nous interdisons le moindre pas de côté qui, à notre avis, serait du temps perdu. Penser à autre chose, nous occuper d'autre chose que de notre tâche, de notre problème ou de notre agenda serait, selon ce que l'on nous a enseigné, déraisonnable : nous n'en avons pas le droit, donc nous ne nous y autorisons pas.

C'est vrai, dans ce tunnel, nous ne risquons ni les embouteillages, ni les feux rouges, ni les routes fermées. Il est d'ailleurs pratique de l'utiliser de temps en temps... à condition de savoir en sortir une fois que l'urgence, que la tâche précise que nous nous sommes fixée est réglée.

Le problème est que nous réussissons... à ne jamais en sortir. Nous ressassons, nous répétons, nous recommençons de manière machinale, automatique, sans nous poser la moindre question, en évitant de toutes nos forces de croiser le moindre inattendu, la moindre surprise. Les journées se succèdent toutes identiques. Nos journées sont ternes, toute notre existence se ternit. De surcroît, nous n'avançons plus, ou si mal... L'étincelle de vie en soi faiblit et finit par s'éteindre. Rien ne nous arrête jusqu'à l'incident fatal : l'épuisement, le vide en soi, la vie qui se ternit et devient grise.

Je vais te surprendre par cette règle qui se vérifie pourtant tous les jours : ce n'est pas en pensant exclusivement à ton problème que tu le résoudras. Tu as appris à croire que plus tu avances imperturbablement d'une station à l'autre, plus tu creuses profondément le même trou, plus vite tu trouveras la solution. En réalité :

– tu es pris(e) par l'illusion d'avancer, mais tu tournes en rond en tentant toujours les mêmes solutions.

– tu ne vois plus les choses que sous un seul angle. Tu es aveuglé(e). Le pas de côté qui te semble absurde puisqu'il t'écarte de ta direction a ceci d'extraordinaire qu'il te permet de changer de point d'observation. Et ce nouveau point d'observation a une vertu majeure : il t'apporte de l'oxygène, donc la possibilité de nouvelles solutions. Car au fond, c'est là que réside la clé si méconnue du bonheur : faire alliance avec le souffle de la vie toujours neuve et surprenante.

Cette règle dont je te parle a été théorisée dans les années 1950 par Gregory Bateson, un anthropologue qui vivait à Palo Alto, en Californie. Il était parti d'un constat très simple : un optimiste voit la bouteille à moitié pleine, un pessimiste la voit à moitié vide, leurs perceptions respectives sont diamétralement opposées, et pourtant ils regardent la même bouteille. Ce n'est pas la réalité qui est différente, a constaté l'anthropologue, mais le point de vue porté par chacun des deux individus sur cette réalité.

Intrigué par le fonctionnement de l'esprit humain, Bateson a décidé d'ouvrir les fenêtres et de convier des spécialistes de disciplines qui ne se rencontraient habituellement pas à examiner cette question avec lui. Il y avait là des anthropologues, des psychologues, des logiciens, mais aussi des mathématiciens, des économistes, des philosophes... Ils ont fondé un courant, l'école de Palo Alto, dont l'un des mérites est d'avoir révolutionné les psychothérapies.

Le point de vue à partir duquel nous examinons un problème a été nommé par cette école « le cadre de référence ». Face à un problème, nous nous enfermons la plupart du temps dans un même cadre, avec un même point de vue, une même manière d'examiner ce problème. Nous agissons comme une mouche qui se cogne contre la vitre en espérant toujours qu'elle finira par la traverser. Avec un pas de côté, la mouche verrait pourtant que, cinquante centimètres plus loin, la vitre d'à côté est ouverte et, avec elle, le chemin vers la liberté.

Bateson donne l'exemple d'un couple qui se déchire en permanence – le très classique « ça ne va pas avec mon mari (ou avec ma femme) ». Chacun réagit en se disant que l'autre a un problème psychologique qu'il doit régler, et chacun le pense sincèrement et est persuadé d'avoir raison. L'homme et la femme sont chacun dans son propre cadre de référence, dans son propre tunnel, ce qui rend le problème insoluble – exactement comme pour la mouche qui se cogne contre la vitre. L'école de Palo Alto propose une autre approche, dite systémique, qui consiste à comprendre la structure générale du système, dans ce cas, de leur relation, et à partir de là d'envisager un déplacement, un pas de côté, pour cesser de tourner en rond et trouver une solution : une possibilité d'entente, ou alors le choix de la rupture.

Cette approche se vérifie dans toutes sortes de situations. Un exemple resté célèbre est celui d'un homme transporté d'urgence à l'hôpital et présentant les signes cliniques d'une intoxication alimentaire ou médicamenteuse. Or, les analyses toxicologiques montrent qu'il n'en est rien. Pourtant, les médecins persistent à lui poser mille fois la même question : « Qu'avez-vous bu ou mangé hier et que vous avez oublié de nous signaler ? »

Un médecin effectue alors un pas de côté. Il interroge le patient, dont l'état est vraiment grave, sur son parcours, sa vie. Ce dernier lui apprend qu'il est un ingénieur des mines et qu'il vient de passer deux ans dans des mines de cuivre à 5 000 mètres d'altitude. La clé de sa maladie est là : il souffre à la fois d'intoxication lente et d'une réadaptation lente à l'excès d'oxygène. Un traitement a pu être adapté et sa vie fut sauvée.

La conception que nous avons du réel fige ce réel et nous enferme sans même que nous nous en rendions compte. Nous creusons notre trou, nous restons dans notre tunnel et, braqués sur notre objectif, nous ne regardons ni à gauche ni à droite. Nous nous isolons de notre environnement et, faute de relation (avec le monde, avec les autres, avec la vie...), nous sommes incapables de mettre en œuvre n'importe quel changement.

L'école de Palo Alto a placé la communication interpersonnelle au centre de sa vision d'une vie accomplie, heureuse. Les recherches et expérimentations menées sous son égide ont démontré que pour advenir, le bonheur exige que l'on ouvre les fenêtres.

Sors de ton tunnel ! Ne crains pas la complexité du monde. Au contraire, entre en relation avec elle, épouse-la, laisse-la t'aider. Être heureux, c'est réussir à épouser les méandres du quotidien, à inventer de nouvelles solutions, à ouvrir une porte fermée, à oser être fier de soi.

Avec ton pas de côté, tu ne t'écartes pas de ta voie ; au contraire, tu peux enfin poursuivre ton chemin.

Tenter d'interdire certains empiètements, c'est bien mais ce serait encore mieux d'encourager les individus à prendre conscience de leur propre liberté et de leur souplesse, de façon à ce qu'ils en usent plus souvent.

Gregory Bateson

7

Ne bugge pas

Brainstorme ta vie

Tu connais la pensée convergente : c'est celle que l'on t'a apprise depuis l'enfance. Sur les bancs de l'école, tu as même pu la parfaire. Elle est simple, voire simpliste : tu es face à un problème, à une question, tu vas te concentrer sur ce problème ou cette question et trouver la « bonne » réponse. Nous avons tous eu la boule au ventre face à l'exercice qui nous résistait, mais nous savions que nous ne nous lèverions pas de notre chaise avant de l'avoir résolu. Il n'y avait pas d'autre issue.

Chaque problème s'est ainsi transformé en une source d'angoisse au lieu d'être une opportunité d'épanouissement. Et pour cause : après avoir subi ce que j'assimile à un vrai dressage, notre cerveau a adopté le bug comme principe de fonctionnement. Bugger signifie bloquer. Ton ordinateur ou ton téléphone buggent quand ils sont coincés sur une page ou un programme. Ils rament, moulinent, mais restent sur cette page ou sur ce programme à se débattre comme un noyé. Ils finissent par disjoncter et tu ne t'en sors qu'en les faisant redémarrer. Quand il s'agit de ton propre cerveau, tu le laisses se débattre dans les affres du bug.

Je peux aligner les exemples dans lesquels chacun d'entre nous se retrouvera : rédiger un mail délicat ou compliqué, appeler sa nièce ou son client avec qui les relations sont tout aussi compliquées, décider du lieu ou de la date des prochaines vacances, négocier avec son plombier, ou avec son patron, ou avec ses ados. Tu y penses, tu ressasses, tu t'angoisses, ça tourne en boucle dans ta tête et les retards s'accumulent par ailleurs. Plus tu te focalises sur ton problème (comme on te l'a enseigné), plus tu bloques, moins tu agis : tu as buggé... et tu t'es fait mal. Cependant, tu persistes à croire qu'agir ainsi est le seul moyen de réussir. En réalité, ce n'est pas le cas. Il faut être prêt à changer d'approche et de perspective.

D'ailleurs, sans le savoir, tu as déjà expérimenté un autre mode de fonctionnement : la pensée divergente. Elle t'a réussi dans beaucoup de situations :

– Quand tu as laissé de côté les phrases conventionnelles, prêtes à l'emploi, et que tu as trouvé les mots justes pour consoler ton ami ou ta collègue.

– Quand, en préparant le dîner, il t'a fallu improviser et remplacer le fromage (tu n'en avais plus) par des champignons (et inventer une sauce, par ailleurs délicieuse, pour les pâtes).

– Quand tu as décidé de changer, pour ce dossier, ta méthode de travail, et que ça a marché.

– Ou encore quand, épuisé(e), à bout, tu as tout lâché et tu as été te promener 15 minutes et au retour, tout était tellement plus clair pour toi.

Avoue que c'était jouissif !

Pourtant, tu te méfies de ce mode de pensée qui sort des sentiers battus et fait appel à l'imagination. Nos esprits normatifs la considèrent réservée aux artistes, aux créatifs qui auraient, eux seuls, le droit ou la capacité d'innover, d'inventer autre chose, une autre solution, de nouvelles possibilités, une manière différente de rédiger le mail ou d'engager une conversation délicate. En réalité, nous sommes tous, par essence, des créatifs. Ce mode de fonctionnement de l'esprit qui t'épate est un mode naturel, mais nous avons appris à le brider et à rentrer dans le rang.

La créativité n'est en effet rien d'autre que la capacité de l'esprit à tâtonner pour trouver, face à un problème pratique, une solution imaginative et adaptée à son contexte. Les neurosciences, qui se sont penchées sur cette capacité, ont constaté qu'elle n'est pas localisable dans une seule zone du cerveau : elle dépend de la connectivité, de l'interaction entre différentes zones qui brainstorment pour mettre ensemble des informations, des idées, des faits que l'on n'aurait pas spontanément rapprochés mais qui, de concert, indiquent le chemin d'une solution. Les personnes qui ont su développer cette fonction partent du principe qu'il n'existe pas une seule « bonne » solution, mais une multitude de possibilités. Toi, devant ton réfrigérateur, tu as su repérer les champignons, mais tu aurais également su accommoder des olives ou des poivrons pour remplacer le parmesan accompagnant ton plat de pâtes. Tu as activé différentes zones de ton cerveau, celles de la mémoire, du goût, de la logique, etc. Et tu as inventé ta recette.

La créativité a un seul hic : elle implique d'apprivoiser un moment d'instabilité, de tâtonner, donc de brainstormer pour trouver une solution, et qui plus est, en acceptant de ne pas savoir à l'avance quelle pourrait être cette solution.

Au lieu d'être dans l'obsession du résultat, du but, qui te tétanisent, te coupent les ailes, te font perdre tes moyens, tu vas te laisser être en rapport avec la complexité de la situation de laquelle émergera cette solution.

Tu as été désarçonné(e) en réalisant que tu n'avais plus de fromage au frigo. La pensée convergente t'aurait bloqué(e) sur le fromage sans autre issue possible pour préparer ton dîner. La pensée divergente t'a permis de déployer ta créativité et de trouver des solutions parmi lesquelles il ne te restait plus qu'à sélectionner celle qui te convenait le mieux.

À une époque où je donnais des cours de photographie à l'université, j'avais participé à des jurys de sélection de jeunes artistes fraîchement diplômés. J'étais triste de constater que beaucoup avaient été bloqués, au cours de leurs études, dans leur processus créatif : on leur avait tellement imposé des normes, on les avait tellement jugés qu'ils avaient fini par intégrer ces normes et ces jugements et se considéraient incapables de les dépasser.

Au lieu de se déployer et d'en appeler à leur créativité, au lieu d'inventer, de chercher d'autres chemins, ils trouvaient plus rassurant de rester dans l'imitation des modèles qu'ils admiraient. Ni eux, ni nous n'étions plus dans le « whaou », mais dans la conformité. Devenant les clones d'un modèle abstrait, ils n'étaient plus heureux parce qu'ils avaient perdu la passion, ils s'interdisaient de ressentir cette passion, d'éprouver leur singularité, de se laisser toucher. Ils avaient éteint la flamme qui les avait pourtant conduits sur cette voie.

Cette histoire s'applique à chacun d'entre nous :

– Nous voulons tellement être « comme il faut », faire « ce qu'il faut », que nous ne prenons plus le risque de brainstormer pour inventer des choses nouvelles.

– Une instance de jugement tapie en nous veille à nous l'interdire en censurant tout ce qui déborde de l'autoroute ennuyeuse de la pensée unique. « Elle est nulle, mon idée », t'empresses-tu de préciser quand tu as une idée... géniale, et cela, avant même de l'avoir expérimentée.

Du coup, nous ne partons plus jamais à l'aventure, avec tout ce qu'elle réserve comme surprises.

Au début des années 1940, dans l'objectif déclaré de neutraliser cette instance, un publicitaire américain, Alex Osborn, mit en place une méthode qu'il appela le brainstorming, littéralement le remue-méninges. Elle consiste à réunir des personnes aux profils différents (comme le sont les différentes zones du cerveau) et de leur soumettre un problème en leur demandant de laisser fuser toutes les réponses qui leur viennent à l'esprit, sans se censurer, ni juger les réponses des autres. Dans un deuxième temps seulement, ces réponses sont confrontées à la réalité pour en mesurer l'adaptabilité. On sait le succès qu'a connu cette méthode qui génère effectivement un grand nombre d'idées originales – à condition qu'elle soit appliquée sans crainte ni restrictions pesant sur les participants.

Les vraies séances de brainstorming ont ceci de particulier qu'elles sont toujours joyeuses. La psychologie a étudié ce phénomène et elle l'explique de manière très pragmatique : être créatif signifie trouver une stratégie pour réveiller l'intelligence, le savoir, les intuitions endormis en soi et dont on ne soupçonnait pas l'existence. Brusquement, on se libère de l'enfermement ordinaire sur soi pour toucher du doigt, en soi, une entité ouverte, vibrante qui ne cesse de nous faire signe mais que l'on ignore habituellement. Un souffle joyeux nous traverse, un cadeau que nous offre la vie. Les anciens appelaient ce phénomène : être visité par les muses (ou par les dieux).

N'était-ce pas cette muse qui, lorsque tu as tendu l'oreille, t'a soufflé l'idée de remplacer le fromage pour tes pâtes par des champignons ?

Alors, au lieu de bugger, brainstorme ta vie !

***

Les 4 étapes du brainstorming individuel

Le temps du brainstorming est celui de la séparation entre l'instance d'invention et de liberté que tu débrides, et l'instance de jugement critique que tu mets en sourdine.

1. Pose ton problème et donne-toi 5 ou 10 minutes, pas plus, durant lesquelles tu te

laisses aller. Autorise toutes tes idées à surgir, sans te freiner. Note-les pour ne pas les oublier.

2. Va dans tous les sens ! Même les idées les plus farfelues méritent d'être notées.

3. Durant ce laps de temps, interdis-toi d'émettre la moindre critique à l'encontre de tes idées. Tu les analyseras plus tard.

4. Utilise le principe des associations d'idées en rebondissant sur chacune, quitte à aller dans tous les sens.

Quand tu as terminé, tu peux rappeler ton instance de jugement pour examiner les idées que tu t'es autorisées.

Partout où il y a joie, il y a création : plus riche est la création, plus profonde est la joie.

Henri Bergson

8

Cesse de vouloir tout gérer

AMUSE-TOI, C'EST PLUS UTILE

Entendons-nous : je n'ai rien contre les tableaux de gestion – de budget, de stocks, d'archives… Il m'arrive même d'en faire usage pour gérer le nombre d'inscrits à un cours ou de publications dans les collections de livres que je dirige : ils sont objectifs, automatiques, ils mettent les données dans des cases et ne laissent place à aucune vraie surprise, ni bonne ni mauvaise. C'est ce que j'attends d'eux pour ces tâches relevant du calcul, des chiffres.

Notre problème réside dans l'extension du domaine de la gestion. Dans l'application du principe comptable de ces tableaux à tous les secteurs de notre vie : notre temps, nos émotions, notre capital santé, notre planning, nos relations avec les autres… jusqu'à notre état d'esprit !

De plus, nous le faisons en toute bonne foi, persuadés que lorsque nous aurons tout géré, nous serons enfin heureux, et que le jour où nous disposerons des méthodes de gestion universelles que nous vendent certains coachs, nous n'aurons enfin plus de soucis et tout le loisir de nous accomplir. Quelle erreur ! C'est, au contraire, quand tout n'est plus que gestion que l'on est malheureux.

Quand tu gères, tu lisses, tu élimines les grains de sable, mais aussi les grains de sel.

Un tableau de gestion d'un hôpital peut ainsi prévoir que la tournée des quinze malades d'un service prendra trente minutes à un infirmier ou une infirmière. Ce temps, s'il est bien coordonné, suffit effectivement à vérifier la température, la tension, la prise des médicaments. Il ne reste plus qu'à appliquer ce protocole et à cocher la bonne case à la porte de la chambre : le service est « bien » géré et la tournée recommence, aussi mécanique, aussi froide, et surtout aussi ennuyeuse, en fin de journée et puis le lendemain matin, le lendemain soir...

À première vue, on peut évidemment se dire que l'infirmier qui effectue sa tournée n'a pas à s'amuser, voire qu'il devrait résister à cette tentation pour se consacrer à être plus sérieux, plus rigoureux. Nous considérons que l'amusement est accessoire, y compris d'ailleurs pour les enfants auxquels nous ne demandons plus de jouer mais d'apprendre, de rechercher l'utile et l'efficace plutôt que l'éphémère et le plaisir. Mais... peut-on être sérieux, peut-on apprendre, peut-on grandir, peut-on travailler sans s'amuser ?

J'ai commencé ma carrière en enseignant la philosophie au lycée, en classe de terminale. Je n'avais jamais été formé à devenir enseignant et, dans ma volonté de bien faire, j'ai d'abord pris mon rôle très au sérieux : je « gérais » le programme, tout était en ordre dans la classe, mais je souffrais, je m'ennuyais, les élèves s'ennuyaient. Et je sortais de chaque cours épuisé. J'ai douté de ma vocation.

Au retour des vacances de la Toussaint, je m'en étais ouvert à la proviseure, une femme formidable qui m'avait donné un seul conseil : « Amusez-vous, jouez, marchez dans la classe et faites jouer les élèves en leur posant des questions. » Au cours suivant, j'ai suivi son conseil, je me suis levé de derrière mon bureau pour aller à la rencontre des élèves. Ce jour-là, nous avons ri : de mes questions, de leurs réponses, des horizons qui s'ouvraient à nous. Nous étions enfin en relation et le cours se révélait surprenant, drôle, vivant. J'ai poursuivi l'année ainsi. Non seulement le programme a été bouclé, donc bien « géré », mais en plus, les élèves l'avaient retenu et ils avaient même appris beaucoup plus que ce qui était requis.

Tu te demandes peut-être quel est le rapport entre un enseignant au lycée et les soignants dans un hôpital, ces derniers ayant à gérer, non pas une classe, mais des vies humaines.

Des années après avoir rendu mon tablier de prof de philo, j'ai été hospitalisé à cause d'une brûlure idiote causée par la mauvaise manipulation d'une cocotte-minute. Et je me suis retrouvé dans la situation… de mes anciens élèves. En face de moi, des médecins, des infirmiers, des infirmières qui connaissaient tous leur métier. Mais une évidence m'est vite apparue : certains le connaissaient plus que d'autres. Pour ceux-là, je n'étais pas un dossier, mais un être humain apte au dialogue et méritant d'être rencontré. Ils rentraient dans ma chambre sans afficher l'air sérieux du businessman du *Petit Prince*, mais avec un grand bonjour. Ils soignaient ma plaie mais me demandaient aussi des nouvelles de mon moral, racontaient une blague et riaient encore plus fort que moi tout en changeant les pansements avec un immense professionnalisme. Je suis convaincu que ceux-là ont participé à ma guérison : leur joie de vivre était une thérapie.

Un parent qui est dans la parfaite gestion de ses enfants ne sera jamais touché, jamais ému de les voir, de partager des moments avec eux : l'ordre de la gestion ne laisse pas la place à cela. Un employé qui « gère » son portefeuille de clientèle déshumanise son rapport au monde et à ses clients. Il ne peut pas s'épanouir, s'accomplir, ni être heureux ainsi. Son travail est un fardeau.

Réalise que ta vie n'est pas une usine robotisée où tu as juste à t'assurer que tes robots sont en état de fonctionnement ! Surveiller des robots, cocher les cases et recommencer le lendemain peut peut-être te rassurer, mais en aucun cas te rendre heureux(se). Ta vie est terne ? Alors, joue !

D'autant plus que s'amuser est bien plus sérieux qu'on le croit. C'est, à ma connaissance, le moyen le plus efficace dont nous disposons pour apprivoiser deux éléments de l'existence qui nous terrorisent : d'une part le chaos (quand il vient dans ta vie, tu perds pied), d'autre part l'ordre (qui peut très vite se muer en rigidité écrasante). Or, quand tu joues, tu oscilles joyeusement entre le chaos (sauter, courir, jeter les dés...) et l'ordre des règles (si tu ne les respectes pas, tu triches).

Les règles du jeu sont plaisantes : comme au tennis ou aux échecs, elles ne t'emprisonnent pas, elles te guident et te sécurisent. En fait, elles sont d'autant plus plaisantes qu'elles laissent place au chaos, à la désorientation : tout jeu apporte ses surprises, au même titre que la vie, et nous nous en amusons. Mais quand on cesse de s'amuser, le chaos devient terrifiant, et la règle nous fait perdre notre liberté. Même au jeu : on arrête la partie.

As-tu par ailleurs conscience que les champions (de tennis, de foot, d'échecs, de Monopoly et même du jeu de la vie) sont ceux qui ont appris à s'amuser ?

En ne t'amusant pas, tu n'es vraiment pas sérieux...

***

Comment apprendre à jouer

Notre société glorifie le divertissement : les films, les concerts, les spectacles où tu es spectateur ou spectatrice. Le jeu, c'est une autre affaire : tu y es l'acteur ou l'actrice. Et c'est là que tu t'amuses enfin.

Nous savons tous jouer, nous avons tous des moments de pur amusement, mais nous ne les cultivons pas faute de savoir les repérer. Moi, je m'amuse quand je dessine. Devant ma feuille, entouré de mes couleurs, je joue, je me détends, je retrouve la joie de faire pour le seul bonheur de faire.

Et toi, où joues-tu ? Comment aimes-tu jouer ? Pose-toi ces questions et cherche les réponses. À partir de là, cultive cette attitude dans d'autres moments de ta vie. Je l'ai fait et j'ai compris que je pouvais également jouer, m'amuser, en écrivant un livre, en donnant une conférence ou un cours. Appliquer cette leçon a transformé ma vie.

Un homme encore se lève dans le vent. Parole brève comme éclat d'os. Le pied déjà sur l'angle de sa course...

Saint-John Perse

9

Ne ralentis pas

ENTRE EN RÉSONANCE

L'éloge de la lenteur est aujourd'hui à la mode. Je m'y suis essayé. C'est vrai, ce dimanche-là, j'ai éprouvé un immense plaisir à prendre le temps de déguster ma blanquette qui avait longuement mijoté à feu doux, puis à aller me promener le nez au vent, sans regarder ma montre. Mais en fin d'après-midi, alors que je terminais lentement un article à rendre d'urgence le lendemain, j'ai buggé. Ma connexion internet avait elle aussi ralenti et, je l'avoue, ayant besoin de vérifier quelques dates, j'ai eu du mal à attendre quelques secondes de plus l'affichage de chaque page. Je m'en suis voulu. Le lundi, j'ai dû hâter la cadence pour rattraper mon bus (le suivant n'arrivait que 16 minutes plus tard), puis me résoudre à avaler un sandwich entre deux rendez-vous. Le mardi, j'ai piaffé d'impatience avec un ami jusqu'à ce qu'arrive, à toute vitesse, le médecin qu'il avait appelé d'urgence pour sa fille, brûlante de fièvre et recroquevillée avec des douleurs au ventre. Verdict : péritonite, ambulance, chirurgie dans les plus brefs délais.

Au cours de la semaine qui a suivi, mon oasis bienvenue du dimanche a été reléguée dans ma mémoire parmi les jolis souvenirs mais elle n'a pas vraiment changé ma manière d'être au monde :

– Je n'ai pas eu le temps de mitonner des petits plats.

– J'ai couru derrière des bus.

– J'ai eu des décisions à prendre au pied levé...

Et je n'en étais pas forcément plus malheureux !

Nous vivons dans un monde où tout s'accélère, où nous n'avons plus le temps. Ralentir est devenu pour nous une sorte de mirage, une belle promesse qu'il est difficile de tenir et qui par ailleurs nous cause bien des emmerdes. D'abord, nous culpabilisons parce que nous n'y parvenons pas. Ensuite, nous lâchons l'affaire avec une dose immense de remords. Les « je n'ai pas le temps » que nous répétons à satiété nous servent dès lors de prétexte pour rabattre des œillères sur nos yeux et nous engoncer dans notre carapace, quand bien même celle-ci nous pèse.

Il est temps de remettre les points sur les i.

Pour commencer, veux-tu admettre avec moi que la lenteur n'est pas une vertu universelle ? À la caisse du supermarché, au guichet de la poste ou lorsque j'attends les pompiers parce qu'il y a un incendie, je suis adepte d'un peu d'accélération. Ralentir de temps en temps, plus ou moins souvent selon les tempéraments, est un bonheur. S'obliger à ralentir tout le temps n'a pas de sens. Aller plus vite dans une tâche est parfois même un bonheur formidable ! Nous nous flagellons assez, est-il vraiment nécessaire de nous en donner une occasion supplémentaire ?

Par ailleurs, l'atmosphère ambiante, les médias, la pléthore d'ouvrages de développement personnel, nous amènent à considérer que la lenteur, entendue comme une sorte de calme olympien, est le postulat de base sur lequel nous construirons notre bonheur. Alors nous attendons que cette lenteur advienne mais, comme cet idéal est sans rapport à la réalité de notre vie et aux mille urgences de notre quotidien, nous nous laissons envahir par un sentiment d'échec. Et nous passons à côté d'une clé de la vie qui est pourtant complètement indépendante de son tempo : la résonance, c'est-à-dire la capacité à entrer en relation avec le monde et les autres, de les toucher et de se laisser toucher par eux, et de sortir ainsi du monde mort dans lequel nul n'a sa place.

Le sociologue allemand Hartmut Rosa s'est intéressé à ce qui fait une « vie bonne », c'est-à-dire à ce qui nous rend vraiment heureux, aventurant ainsi la sociologie sur le terrain de la philosophie et de la psychologie. Assurer nos revenus, entretenir nos relations, nos connaissances, soigner notre corps ne suffit pas à combler une « vie bonne ». Celle-ci réclame d'abord de savoir « entrer en résonance », ce qui signifie entrer en vibration avec un être, avec une chose, avec le monde. C'est, aussi étonnant que cela puisse sembler, une affaire physiologique, neurologique. Elle résulte de l'activation des neurones miroirs, également appelés neurones empathiques, et se produit dès que je suis en face d'un ou d'une autre et que je suis naturellement poussé à l'imiter – dans ses actions, dans ses réactions, dans ses émotions. Elle est un échange vivant, constant avec le monde. Le seul effort qu'elle exige est de retirer ses œillères pour prendre acte que les autres, que le monde, existent. Et cela, quelle que soit la cadence à laquelle nous menons notre vie. La particularité de la résonance est... qu'elle est réciproque.

Le lundi, quand j'ai rattrapé le bus au vol, j'ai reconnu la conductrice et je lui ai lancé un grand bonjour. Elle aussi m'a reconnu (je suis un habitué de la ligne), elle m'a souri. En haletant encore d'avoir couru, j'ai ajouté un « ça va aujourd'hui ? » qui lui a certainement fait plaisir. En redémarrant, puisqu'il n'y avait pas de temps à perdre, elle m'a informé que la circulation était fluide et qu'une fois au dépôt, elle aurait terminé sa journée et récupérerait son enfant plus tôt de la crèche. Elle était contente, moi aussi. Nous étions vraiment en résonance.

Nous avons parlé moins d'une minute, aucun de nous deux n'a été ralenti dans sa tâche, et pourtant nous avons pris le temps d'un échange vivant qui nous a mis de bonne humeur. D'ailleurs, tu vois, je m'en souviens encore !

Comme je me souviens du voisin qui, ce matin, dans l'ascenseur, m'a annoncé qu'aujourd'hui, il ferait beau et qu'il faudrait en profiter. Je lui ai donné raison, nous avons échangé quelques phrases au lieu de bouder chacun dans son coin. C'était léger, heureux, joyeux.

Quand tu rentres en résonance avec l'autre, même de manière éphémère, tu es ébranlé(e) jusque dans tes fondements neuronaux. Tu es touché(e) sur les plans cognitif, affectif, corporel. Cet autre est peut-être la collègue, l'ami, l'enfant, le conjoint. Il peut également être ce chat qui te regarde avec insistance, l'arbre devant ta fenêtre qui te dit bonjour, le ciel bleu, le gros nuage noir qui te donne envie de retourner te lover sous ta couette. Ils te parlent, le monde entier te parle. Tu n'as pas besoin de ralentir pour tendre l'oreille et l'écouter !

– La résonance n'est donc pas une question de temps, mais une affaire plus radicale de disponibilité.

– Elle est un mode de rapport aux autres et au monde dans lequel on sort de la marchandisation généralisée et de la défense de ses intérêts pour simplement se sentir en union, en communion, vivant, à nouveau humain. Elle est une révolution.

– Elle est aussi ces quelques gouttes de bonheur qui viennent te rafraîchir, te nourrir, qui te donnent de l'allant, de l'énergie, qui te sortent de l'uniformisation, de la tristesse, du gris.

***

3 IDÉES POUR ENTRER EN RÉSONANCE

1. Quel temps fait-il ? Regarde le ciel, ne te contente pas de noter l'information mais, tout en marchant, tout en courant, tout en te brossant les dents, laisse résonner en toi le temps qu'il fait : « Il pleut, habituellement je n'aime pas la pluie, mais aujourd'hui j'apprécie cette pluie et ce qu'elle réveille en moi. »

2. Comment va la première personne que tu rencontreras aujourd'hui ? Un collègue, une voisine, le boulanger. Pose-lui la question… et écoute la réponse. Son humeur t'affecte, même si tu ne le réalises pas d'emblée.

3. Remémore-toi le moment où tu as été le plus heureux ou la plus heureuse au cours du mois ou des six derniers mois écoulés. C'était forcément un moment où tu as été en relation ! Avec une autre personne, mais peut-être aussi avec le mont Ventoux au pied duquel tu avais été te promener !

Mais à l'instant même où la gorgée mêlée des miettes du gâteau toucha mon palais, je tressaillis, attentif à ce qui se passait d'extraordinaire en moi. Un plaisir délicieux m'avait envahi, isolé, sans la notion de sa cause. Il m'avait aussitôt rendu les vicissitudes de la vie indifférentes, ses désastres inoffensifs, sa brièveté illusoire.

Marcel Proust

10

Ne crains pas d'être touché(e)

TA VULNÉRABILITÉ EST TA FORCE

Tu t'en veux pour cette larme que tu n'as pas su retenir pendant le film, une fiction qui t'a bouleversé(e) alors qu'il y a tant de souffrances réelles à travers le monde.

Tu regrettes d'avoir été profondément blessé(e) par cette remarque de ta cheffe de service, alors que tes collègues t'ont répété que cela n'en valait pas la peine et qu'il fallait juste « laisser tomber ». Mais tu ne sais pas « laisser tomber ».

Tu t'es énervé(e) pour une bêtise, tu as piqué une grosse colère et, depuis ce jour, tu rêves d'avoir le cuir aussi épais que ton amie de longue date que rien ne réussit à ébranler, d'être aussi solide que ton collègue sur qui les remarques glissent comme sur les plumes d'un canard.

Et tu t'es senti(e) tellement ridicule quand tu es devenu(e) rouge tomate en recevant un compliment de ton fleuriste ! Ce rouge que tu sens te monter aux joues pour ce que les autres appellent un rien, les excuses que tu bredouilles alors et qui te font virer cramoisi, transforment ta vie en épreuve.

Il est vrai qu'il ne faut pas grand-chose pour te toucher : tu te sens si souvent vulnérable ! Aucune méthode, aucun livre, aucune pratique n'a réussi à te blinder ni n'a eu raison de ce que tu nommes ta fragilité et qui, penses-tu, te rend moins efficace, moins fréquentable, plus différent(e).

Notre société est pétrie de la morale stoïcienne qui prône le contrôle des affects, des sentiments, de la douleur, du bonheur. *Sustine* et *abstine*, supporte et abstiens-toi, aurait décrété Épictète au Ier siècle de notre ère. Mais voilà, tu ne supportes pas et tu ne t'abstiens pas de le démontrer. Je te rassure tout de suite : il ne s'agit pas d'une singularité, mais d'une preuve de ton humanité. Si les humains ne savaient pas être touchés, ils n'auraient pas survécu aux épreuves du temps.

Ce n'est pas difficile à comprendre. Le mot courage est logiquement (et étymologiquement) issu du mot cœur, et pour cause : tant que ton cœur n'est pas touché, tu ne peux pas avoir le courage d'agir. Autrefois, à l'entrée des grottes, ceux et celles qui se battaient à mains nues contre les bêtes sauvages prenaient ce risque pour protéger leur famille, leur clan, leur tribu. Aujourd'hui, quand tu vois un vieux monsieur tomber au milieu de la chaussée et que tu prends le risque de traverser la rue pour le relever, c'est parce que cette situation t'a touché(e). Si, camouflé(e) dans ta carapace, tu n'éprouvais qu'indifférence à son égard, tu le laisserais là se faire écraser par une voiture.

Il existe malheureusement beaucoup de personnes plus ou moins « carapacées », il existe même des psychopathes et des tueurs en série dont la carapace est si épaisse qu'ils n'éprouvent qu'indifférence envers le monde, mais ceux-là, nul ne les envie. Toi, tu es vulnérable parce que tu es humain(e) au plein sens du terme, parce que tu portes la blessure de la vie, parce que tu as du cœur. La vulnérabilité est l'autre nom du cœur...

C'est elle qui le remplit de tendresse quand tu assistes au premier sourire d'un bébé, elle aussi qui le gonfle de bonheur quand, pour une raison inconnue, ce jour-là et pas un autre, devant le coucher du soleil, tu t'es senti(e) comme un bouddha, elle encore qui le réchauffe devant la première fleur de printemps ou lors de ce déjeuner de famille qui, pour une fois, n'a laissé place à aucune dissonance.

Tu es vulnérable mais tu te crois fragile. C'est ridicule ! Te prends-tu pour un vase en cristal ? Ce vase peut se casser mais, contrairement à toi, il ne peut pas être blessé. Tu te saisis de ton précieux vase avec précaution ou tu le ranges dans l'armoire pour le conserver. Mais toi, sors de ton armoire pour commencer à vivre ! Réconcilie-toi avec ta blessure !

Être blessé n'est pas une faute, mais participe d'une vie heureuse, c'est-à-dire une vie avec cœur, une vie dans laquelle existe la possibilité de déposer les armes pour se réconcilier avec sa propre humanité. Tu as pleuré, tu as rougi, tu t'es empêtré(e) dans la suite de ta phrase parce que tu as été touché(e) par tel propos, par tel geste. C'est vrai. Mais, dans la vie, cette même vulnérabilité se révèle être une arme précieuse : c'est elle qui te permet de déployer tes antennes, d'être en lien, de repérer instinctivement ce qui est juste et ce qui n'est que de la contrefaçon, y compris au milieu de tes moments de vulnérabilité. Ces moments t'angoissent ; pourtant, ils sont une grâce.

Le bonheur n'est pas le confort tiède que t'apporte l'armoire où est rangé le vase. Il est le courage de relever les défis de la vie sans se laisser dicter ses conduites par la peur. Il est ces larmes que j'ai versées hier en assistant à un concert. Je me suis d'un coup senti désarmé. En laissant mes larmes couler, je sentais que je me réconciliais avec moi-même et avec la vie qui sait se montrer chaleureuse quand on s'ouvre à elle.

Ne crains pas d'être touché(e)

Je vais t'avouer une chose : alors que je m'y exerce depuis des années, je continue d'avoir peur quand je prends la parole en public. Peur d'ennuyer mon auditoire, de perdre le fil de mes idées, de m'enliser dans trop de détails, d'être blessé par certaines remarques, par certaines questions. Je me suis longtemps inquiété de cette peur, je la qualifiais d'idiote jusqu'à ce que je réalise que lorsqu'elle m'abandonne… je ne donne pas mes meilleures conférences, mes meilleurs cours, je ne réussis pas à toucher ceux qui m'écoutent, tout est trop lisse. Cette peur est une chance qui m'est donnée de toucher ma vulnérabilité et d'aller chercher en moi une parole plus vraie, une parole vivante, une parole unique. Et c'est ce qui me rend heureux.

Sans la faille de la vulnérabilité, tu es une pierre. Grâce à cette faille, et surtout chaque fois que tu la touches, ton cœur se remplit. C'est cela, l'art d'être heureux…

Il y a une fissure en toute chose. C'est ainsi qu'entre la lumière.

Leonard Cohen

11

Fais alliance avec ta honte

Sois au mieux avec toi-même

Un paradoxe saisissant me hante depuis des années : personne ne nous apprend à comprendre ce qu'est la honte ni à nous relier à elle pour réaliser qu'elle n'est pas la malédiction qu'elle semble être, et pour nous permettre d'être heureux.

J'ai longtemps eu honte d'être ce que j'étais. Hypersensible, je ne contrôlais pas mes émotions, mes réactions, je n'étais pas comme les autres garçons de mon âge qui exultaient en se disputant un ballon alors que je n'étais bien que dans ma chambre, en train de lire ou de dessiner. J'étais vraiment différent. Au collège, moins masculin que mes camarades, j'étais l'objet de leurs moqueries. Ils sentaient que j'étais homosexuel, ils me regardaient bizarrement. Et moi, j'avais intégré le regard qu'ils portaient sur moi. Je n'étais pas fier de ma personne, c'est le moins que l'on puisse dire.

Tu connais la honte, toi aussi. Tu as honte de tes émotions, de tes colères quand elles surgissent intempestivement, de ton statut social, de ton niveau d'études supérieur ou inférieur à celui de ton entourage, des chaussures que tu as portées aujourd'hui et qui ne sont pas adaptées à la soirée ou à la randonnée. Tu as honte de ne pas savoir dessiner ou bricoler, honte de ce que tu es, de ce que tu as, de ce que tu n'es pas, de ce que tu n'as pas. La honte te dévore, tourne en boucle dans tes pensées, te dicte ta conduite. Elle t'emprisonne et tu te crois incapable de t'en libérer.

Et tu as même parfois honte d'avoir honte, doublant en quelque sorte ta peine...

La naissance de la honte est racontée par la Bible presque en même temps que celle de l'humanité. Adam tiré de la glaise, et Ève tirée d'une côte d'Adam, vivaient nus et heureux au paradis jusqu'à ce qu'ils transgressent l'interdit et mangent le fruit défendu. Ils n'ont d'abord pas honte parce qu'ils n'ont pas conscience de leur transgression. Celle-ci leur est dévoilée par le regard de l'autre, Dieu, qui les a vus. Ils s'empressent alors de recouvrir leur nudité avant d'être chassés du paradis – mais ceci est une autre histoire.

Dans *L'Être et le Néant*, Jean-Paul Sartre dissèque une situation similaire : « Imaginons que j'en sois venu, par jalousie, par intérêt, à coller mon oreille contre une porte, à regarder par le trou de la serrure. [...] Or voici que j'ai entendu des pas dans le couloir : on me regarde. » C'est alors que la honte advient : « Je me vois parce qu'on me voit. » La honte ne naît pas de moi-même à moi-même, elle n'est pas un problème psychologique, elle est toujours liée à l'autre et à son regard sur moi.

Effectivement, quand j'avais cinq ou six ans et que je vivais ma préférence pour les garçons sans avoir intégré qu'au regard des autres c'était mal, je n'avais aucun problème parce que je n'avais pas conscience que c'était un problème pour eux. Ma honte a surgi quand ils ont commencé à s'interroger sur ma singularité, à m'enfermer dans cette identité, à me chosifier, à me figer en elle. Je me suis alors vu comme ils me voyaient : différent. J'avais immédiatement intériorisé ce regard. Je ne me rendais évidemment pas compte que la honte passe par autrui. « La honte est par nature reconnaissance : je reconnais que je suis comme autrui me voit », explique Sartre.

Depuis que tu es enfant dans la cour de récréation et que tu as honte de ne pas avoir les mêmes baskets de marque que des camarades plus fortunés, on t'apprend à ne pas tenir compte de ce que pensent les autres et à vivre indépendamment d'eux. En théorie c'est un très bon conseil, mais soyons sérieux : il est naïf et inapplicable parce que nous vivons de facto dans le monde, en relation et en interaction avec les autres.

Les philosophes de la Grèce ancienne s'étaient déjà penchés sur l'énigme de la honte. Nous la voyons spontanément comme un tue-bonheur ; ils la concevaient comme une voie vers le bonheur. Aristote insistait ainsi sur le fait que la *aidos*, la honte, est ce qui permet à l'homme d'éviter l'insolence, l'outrage, le franchissement des limites, et d'accepter ses propres limites, donc son humanité.

– Une première catégorie de honte est liée à ce que tu as fait (ou que tu n'as pas fait). Tu as menti, tu as triché, tu as trouvé mille prétextes pour ne pas appeler ton père, ta sœur ou ton ami qui sont dans le chagrin, bref, tu as mal agi. Tu as honte de l'avouer, tu as honte de toi. Cette honte-là, bien que douloureuse, est nécessaire. Elle est une alliée qui te réveille, qui t'aide à grandir. Elle te montre que tu n'as pas été à la hauteur de ce que tu voudrais être, que tu mérites d'agir avec plus de rectitude, de dignité. Être un humain, c'est, fondamentalement, essayer de toujours s'améliorer – et là est la source du bonheur. Tu as de la chance de ressentir cette honte : « L'homme qui a honte d'un de ses actes est plus parfait que l'impudent qui n'a aucun désir de vivre honnêtement », notait Spinoza, des siècles plus tard. De fait, un pervers n'a jamais honte de ses actes. Cette honte, en te permettant de t'excuser, de réparer tes torts, de revenir à ce qui est vrai pour toi, même si elle est inconfortable, te libère d'une chape qui te pèse.

– La seconde catégorie de honte touche à ce que tu es, et celle-là est oppressive. Tu es petit de taille, tu n'as pas les mêmes diplômes que tes collègues, tu n'as pas les mêmes moyens que tes amies, tu es timide… et alors ? Écoute ta honte, ne la refoule pas : ce n'est pas ainsi que tu réussiras à la dépasser. Au contraire, regarde-la droit dans les yeux. Elle te parle. Elle est là pour te dire que tu dois apprendre, non pas à t'excuser, mais à t'accepter, à assumer ce que tu es et à te libérer du regard des autres qui n'est pas toujours juste. D'ailleurs, existe-t-il vraiment, ce regard, ou bien l'as-tu tellement intériorisé dans le passé que tu l'as intégré à toi et qu'il est temps de le chasser ? Ta honte n'est pas légitime : elle est le fruit d'une construction sociale tout à fait relative. Arrête de t'en vouloir de ne pas être jeune, beau (belle), riche et en bonne santé. Être enfin en paix avec toi-même, tel(le) que tu es, avec ce que tu es, est un chemin de réconciliation profondément libérateur. C'est un travail qu'il faut toujours continuer à entreprendre.

Le bonheur n'est pas un état, il est un art de vivre. Un mouvement dans lequel la honte a toute sa place, soit parce qu'elle t'invite à te transformer et t'améliorer, soit parce qu'elle t'appelle à te réconcilier avec ton être, à avoir du respect pour ta personne. Dans ce double objectif, ne reste pas enfermé(e) en elle : utilise-la comme un tremplin pour advenir à ce que tu es.

***

3 ÉTAPES POUR SAVOIR ÉCOUTER SA HONTE

1. Ne te détourne pas de la honte que tu ressens. Elle est certes inconfortable, mais relie-toi à elle et écoute ce qu'elle te dit.
2. Face à elle, pose-toi la question suivante : as-tu honte de ce que tu as fait (que tu peux changer) ou de ce que tu es (que tu devras accepter) ?
3. Que peux-tu faire pour être davantage en accord avec toi-même ? Prends tout le temps qu'il te faut pour « discuter » avec ta honte et répondre à cette question. C'est là que la honte se révèle être la plus précieuse des alliées.

Il est honteux d'être sans honte.

Saint Augustin

12

Ne sois surtout pas zen

Prends feu

« Reste zen », t'entends-tu dire quand tu t'animes dans une discussion, quand tu prends à cœur la quête d'une solution, quand tu t'emballes pour dénoncer une injustice. Reste zen, réfrène ton intensité, tes émotions, tes états d'âme, tes passions. Reste zen, désengage-toi, éloigne-toi, fais un pas, non pas de côté, mais en arrière pour créer un cloître de sécurité autour de toi.

Et toi, tu t'en veux de ne pas y parvenir. De ne pas réussir à « gérer », à « contrôler ». De continuer à être concerné(e), à assumer la vivacité d'un débat et même d'un conflit, à affronter les emmerdes, à sauter bruyamment de joie et à manifester tout aussi bruyamment ta colère, à être perdu(e). En somme, d'être comme tout le monde.

Tu te sens en échec. Malheureux(se). Persuadé(e) d'être incapable de prendre en main une situation et de la « manager » de telle manière qu'il n'y ait aucune emmerde, aucun heurt, pas de difficultés et surtout pas de vagues, c'est-à-dire pas de hauts ni de bas, pas d'enthousiasme intempestif ni de grincements de dents. Plus rien.

Mais tu te sens malheureux(se) de quoi ? De ne pas jouer la même note de musique à l'infini, sans mélodie, sans rythme, sans tempo ? La conception dominante du bonheur se résume aujourd'hui en une équation : être heureux = être zen. Mais si le bonheur n'avait rien à voir avec cela ? Mais si cet idéal nous rendait, en réalité, très malheureux ?

Reste zen, c'est moi qui te le demande ! Mais zen dans le vrai sens du terme, celui de la tradition bouddhiste japonaise, extrêmement tranchante, dont les maîtres sont comme des épées qui « ouvrent » le disciple, le mettent à nu, le cinglent, l'agitent, le réveillent, le poussent à voir son propre esprit, son propre cœur, à avoir mal et à revenir ainsi à une vérité plus profonde de l'existence, à la nature du Bouddha que tu as en toi et qui est ton humanité.

Reste zen, c'est-à-dire concerné(e) au plus profond de toi par tout ce qui est en toi et autour de toi.

Reste zen, c'est-à-dire prends feu, vis le drame de la vie dans toute son intensité, convertis tes expériences, tes rencontres, tes succès, tes défaites, tes passions en autant d'occasions de grandir, de t'approfondir, de permettre à la musique de ta vie de s'accomplir.

Reste zen, authentiquement zen, ne te coupe pas de la mélodie du monde, de l'enthousiasme. Ne t'arrête pas à la caricature contemporaine du zen, à cette note unique, macabre parce qu'elle va à l'encontre du foisonnement de la vie, parce qu'elle tue la vie. Vis !

Je suis un fervent lecteur de Kant, le penseur clé de la morale. J'ai osé l'appréhender le jour où j'ai découvert une phrase qui résume sa pensée, mais aussi sa vie telle qu'il l'a vécue : « Sans enthousiasme, rien de grand ne se serait accompli dans le monde. »

Loin du rationalisme sec, de la logique pure, voilà un homme qui dénonce le refus de se laisser emporter et même déborder par les émotions et qui l'assimile à l'impuissance, cause des renoncements. L'enthousiasme, insiste-t-il, est le feu qui nous anime, nous pousse à aller de l'avant, à prendre des risques, à accomplir des choses pour le monde et à nous accomplir. Il est la condition du bonheur. À l'aune de la morale, il est ce qui nous permet d'avoir envie de tendre vers le bien pour accomplir notre humanité. Le bien sans enthousiasme est un livre magnifique rangé dans ta bibliothèque mais dont tu ne fais rien, il est une « malheureuse illusion », il ne peut pas te réjouir. La raison, dit encore Kant, a besoin de l'enthousiasme pour s'accomplir, sinon elle tourne à vide et devient aveuglement. Être heureux ne consiste pas à contempler passivement les admirables idéaux que sont la justice, l'amour, la compassion, la beauté, mais à se laisser emporter par eux pour les mettre en action. « Enthousiasme » ne veut-il pas littéralement dire « habité par les dieux » et ainsi capable de créer ?

Mais je pourrais aussi te parler de Socrate, le philosophe de référence quand on aborde la sagesse. Tu l'imagines « zen » ? Socrate vivait dans l'embrasement, dans le désir de vérité qui jamais ne se figeait, jamais ne se fermait, restait toujours questionnant. Savoir qu'il ne savait pas l'amenait à toujours être prêt à interroger, à s'interroger, à s'émerveiller, à se remettre en question pour dépasser les illusions. Il était la splendeur du feu s'embrasant en symphonie. Socrate n'était pas zen, mais provocateur – il fut d'ailleurs comparé à un taon qui pique tout le monde pour libérer l'autre de ses œillères, le déplacer de l'enfermement mortifère qui l'empoisonne et fait prendre pour bonheur ce qui n'en est que l'illusion.

Kant et Socrate nous dévoilent les quatre manières diamétralement opposées par lesquelles tu peux aborder ta vie :

1. Tu restes au fond de ton canapé. Tu renonces… parce qu'il y a trop de choses à faire, parce que tu ne t'en penses pas capable, parce que tu n'y crois plus. C'est le fatalisme.

2. Tu te lèves animé(e) par le souci de gestion. Tu veux contrôler la réalité en la mettant en cases, en tableaux, en équations, et pensant que c'est ainsi que tu toucheras le bonheur. Tu nies le conflit, tu mets en place des procédures pour lisser les situations, mais tu ne touches pas à la paix réelle parce que tu n'entres en rapport à rien, tu es à distance de tout et tu ne résous aucun problème. Tu tournes le dos à la vie.

3. Tu agis en fonction de tes envies, de manière autocentrée, sans aucune considération pour les autres. Tu n'es pas en lien avec le monde.

4. Tu te lèves pour de bon. Le fait d'agir te rend heureux(se). Sais-tu que toute action peut être enthousiasmante si tu l'accomplis avec ton cœur, avec le feu ?

Prendre feu est une joie qui permet d'ensemencer les parties trop sèches de ta vie, de revivifier ce qui est abandonné, rejeté en toi. Prendre feu, c'est te laisser porter, habiter, transporter par quelque chose qui vient te surprendre, te réveiller, t'enthousiasmer.

L'air du temps te fait miroiter la « zénitude » de la neutralité, du désengagement. Or, une vie humaine pleine, c'est une vie où tu coopères, tu participes, tu es en contact, c'est une vie qui est vibrante, dans laquelle tu traverses sans arrêt l'espace qui te sépare de l'autre, des autres, du monde. Dans cette vie-là, la distance, la peur des surprises, la honte, la gêne ne te figent pas : elles sont, au contraire, une invitation à retisser des liens.

***

Trouve l'étincelle en toi

L'enthousiasme nous est inné, même si on nous a appris à le domestiquer sous le prétexte qu'il est dangereux parce que déstabilisant. La preuve ? Regarde un enfant jouer, ne serait-ce qu'avec un bout de bois dans sa chambre ou avec un seau et une pelle dans un carré de sable : il s'embrase, se passionne, exulte spontanément de joie.

Tu n'as donc pas besoin de fabriquer cette étincelle, mais seulement de la laisser se révéler.

Arrête-toi quelques minutes et questionne-toi. Ne t'éloigne pas de ton quotidien ! L'étincelle de l'enthousiasme, donc du bonheur, ne réside pas forcément dans les grandes idées. Elle se dissimule plus souvent dans les trois fois rien, des choses minuscules qui, si tu les repères, embraseront ton existence parce qu'elles te feront toucher du doigt la puissance de cette émotion : réussir un moelleux au chocolat, redonner vie à ta plante dont les feuilles jaunissaient, expliquer la règle de trois à ton gamin et le voir enfin comprendre, détendre, par un trait d'humour, l'atmosphère pesante d'une réunion, donner un coup de main à ton collègue en difficulté et lire le soulagement sur son visage…

L'âme humaine est une chose capable de prendre feu, elle n'est même faite que pour ça.

Paul Claudel

13

Reprends les rênes de ta vie

HABITE CHEZ TOI

Dans les années 1950, le pédopsychiatre britannique Donald Winnicott trouvait enfin la clé d'une énigme qui interpellait les parents depuis la nuit des temps : à quoi sert un doudou ? Il lui avait donné un nom plus sérieux : « l'objet transitionnel ».

Pour l'enfant, cet objet est différent de tous les autres : dans les moments compliqués de sa vie (quand il est ému, quand il va à la crèche loin de ses parents, avant de s'endormir...), il a besoin de le tenir, de le serrer, de le mâchonner. Ce doudou, a compris Winnicott, constitue un espace intermédiaire entre soi et le monde, un espace rassurant au sein duquel l'enfant peut s'abriter, rêver, se reconstituer, trouver l'allant pour se tourner sans crainte vers l'extérieur. Tant qu'il a son doudou avec lui, l'enfant tient entre ses mains les rênes du monde.

Ce que Winnicott n'avait pas deviné, c'est que nous continuons, même adultes, à avoir besoin d'un doudou. Il est certes moins simpliste qu'un lapin en peluche, mais il est doté des mêmes attributs : en nous sécurisant, il nous donne la confiance dont nous avons besoin et, de ce fait, libère un espace mental qui nous permet de trouver en nous les ressources pour avancer dans un monde complexe, abrupt, parfois effrayant.

Tu as l'impression de ne pas maîtriser ta vie. De ne pas être en contrôle : des événements, de toi-même, de tes réactions, de tes angoisses. Tu t'acharnes à reprendre le contrôle. Face à un problème, tu t'armes, tu t'agites, tu cherches la solution mais elle continue de t'échapper. Tu cours derrière elle, en vain. Et plus tu paniques, plus tu t'agites, plus tu fonces comme un taureau... mais tu vas droit dans le mur.

Et si tu changeais radicalement d'approche ? Si tu te décidais enfin à baisser ces armes qui ne protègent pas mais te coupent du monde, et que tu t'accordais le droit de tenir ton doudou pour commencer par te ressourcer, retrouver la confiance et, avec elle, les possibilités de solutions ?

Entre dans la vie, retourne vers toi ! Chacun, chacune d'entre nous possède un « chez soi », un lieu, un espace, une activité, ou même un souvenir qui n'ont objectivement aucun sens pour les autres, mais dans lesquels il ou elle se « sent bien », c'est-à-dire en confiance, soulagé(e), heureux(se).

« Chez toi » est l'espace de réconfort, le lieu où tu peux baisser les armes pour entrer dans la vie. C'est ton doudou au sens où l'entendait Winnicott.

« Chez moi » a longtemps été ma grand-mère, puis le simple souvenir de ma grand-mère : son amour inconditionnel pour moi, l'enfant différent, me donnait le courage et la force d'affronter un monde face auquel je me sentais comme un ovni. Au fil du temps, j'ai conquis d'autres « chez moi » : la pièce que je me suis réservée pour être mon bureau, le bord de la mer, le lieu où je m'assieds devant un papier pour dessiner et peindre… ou leur évocation avec toutes les fibres de mon être. Et ce n'est pas une illusion : nous avons désormais la preuve que nous pouvons transporter notre « chez moi » avec nous.

Les neurosciences, appuyées par l'imagerie cérébrale, ont en effet démontré que l'effet que nous procure le « chez moi » n'est pas qu'émotionnel ou psychologique : penser de manière « forte » à une personne, à un objet, à un lieu, active les mêmes neurones que la présence réelle de cette personne, de cet objet, de ce lieu.

On le comprend mieux en revenant aux expériences scientifiques sur les neurones miroirs. La première fut tout à fait fortuite : dans leur laboratoire italien de recherches en neurosciences, le professeur Giacomo Rizzolatti et son équipe avaient équipé le crâne d'un chimpanzé de capteurs reliés à un scanner et ils étudiaient l'effet de différentes activités sur les zones de son cerveau. À l'heure du déjeuner, le chimpanzé, muni de ses capteurs, observait de loin l'équipe qui mangeait. Et le scanner s'activait : les zones stimulées par l'action réelle de manger l'étaient également par le fait de se projeter dans l'acte de manger. On sait que chaque zone du cerveau, chaque neurone, est activé par un type de stimulation. Or, les expériences ultérieures, menées cette fois sur des humains, ont révélé l'effet des stimulations virtuelles sur les mêmes zones et les mêmes neurones que les stimulations réelles.

Je peux ainsi revivre physiquement, neurologiquement, le réconfort et le sentiment de sécurité que j'éprouve dans mon « chez moi » (quand je peins, quand je suis dans mon bureau...) par le seul fait de l'invoquer. Attention, il ne s'agit pas seulement de s'en souvenir, mais de l'éprouver pleinement, sensoriellement.

Avant même d'avoir cette preuve scientifique, l'hypnose avait magistralement démontré l'efficacité du VAKOG. Le VAKOG est la clé de l'hypnothérapie. Ce n'est pas un mot barbare, mais l'acronyme de Visuel, Auditif, Kinesthésique, Olfactif et Gustatif, les cinq portes d'entrée de son « chez soi » reliées, tu l'auras compris, aux cinq sens.

Le bon hypnothérapeute t'aide d'abord à trouver ce lieu : ta maison, une forêt, la plage, la rue...

Durant la séance, il va te conduire à réhabiter imaginairement, mais de manière profonde, archaïque, ce lieu ou cet espace où tu es suffisamment en sécurité pour te désengluer de ton problème et le regarder à distance, de manière plus objective, plus saine, plus efficace. Tous les sens ne se réveillent pas forcément en même temps. Quand je pense à ma grand-mère, me revient parfois l'odeur des petits gâteaux qu'elle préparait quand j'allais la voir et j'en suis bouleversé. Il m'arrive moins souvent d'« entendre » sa voix ou de revivre les moments où sa main caressait la mienne. Mais alors, je fonds de bonheur…

Quand tu prends le temps de sentir combien, dans cet espace, tu te sens bien, en confiance, sans peur, tu n'as plus peur d'être inexistant(e) : tu es là. Tu laisses tomber l'illusion du contrôle total et absolu de toi et du monde, tu trouves, de manière intime et profonde, en toi, une source de force, de confiance, de joie. Tu es dégagé(e) de la prison où t'enferme ta peur. Tu peux enfin reprendre les rênes de ta vie.

***

Exercice

– Repère ton doudou : le lieu, l'espace, l'activité, le souvenir où tu te sens simplement exister.

– Tu ne vas pas te contenter de te le remémorer intellectuellement, c'est-à-dire d'y penser ; tu vas l'habiter physiquement, sensoriellement, te laisser traverser par la manière dont il t'habite corporellement.

– Pour cela, ferme les yeux et ressens-le. Écoute ses bruits, hume ses odeurs, perçois ses mouvements, sa lumière. Tu es déjà apaisé(e). Continue de faire appel à tes cinq sens : c'est ainsi que s'opère l'ancrage existentiel : tu es juste dans le bonheur d'exister.

– Une fois que tu as reconnu ce lieu, tu peux l'invoquer à volonté pour te réancrer et voir les problèmes que tu affrontes par un autre biais.

Et pourtant, quand je cesse d'être sur mes gardes pour m'abandonner à moi-même, me voilà tout à coup reposant contre la poitrine nue de la vie.

Etty Hillesum

14

Ne cherche pas à te remonter le moral

NOURRIS LE CHEVAL DE VENT EN TOI

Tu ne vas pas « bien » et, pour essayer d'aller « mieux », tu te pousses de l'avant. Tu te reproches tes états d'âme puisqu'après tout, c'est vrai, il y a bien plus malheureux que toi sur Terre. Tu cherches des astuces pour te remonter le moral (croquer un carré de chocolat, enchaîner une saison d'une série, tenter un exercice de pensée positive…), tu multiplies les injonctions qui te paralysent (« allez, secoue-toi », « ce n'est pas si grave », « si j'étais plus positif »…), et tu t'étonnes que ça ne marche pas. C'est pourtant tout à fait logique : une fois de plus, tu prends le problème par la face Nord et tu te cognes la tête contre un mur puisque ce n'est pas la bonne approche.

Tu incrimines notre temps, notre société, tes proches, ton travail et tu as peut-être raison. Tu t'incrimines et tu sombres encore plus. Mais sache que ton cas n'est pas singulier. À toutes les époques et partout dans le monde, des individus ont connu les affres d'un moral en berne. Le phénomène était sans doute presque aussi répandu que de nos jours puisque la plupart des sagesses et des traditions se sont penchées sur la question. Et, quel que soit le lieu, quelle que soit l'époque, elles ont découvert un remède surprenant et surtout redoutablement efficace : nourrir la force de vie en soi. C'est l'une de plus grandes leçons de bonheur que nous offrent les sagesses du monde : on est heureux parce qu'on est suffisamment vivant pour entrer en relation avec la vie autour de soi qui nous nourrit à son tour.

Les Tibétains nomment cette force de vie le Lungta, le Cheval de Vent. Le cheval est un animal sauvage que l'humain a d'abord besoin de domestiquer pour pouvoir ensuite le chevaucher et ainsi se déplacer. Brutaliser le cheval, crier, l'emprisonner ne sert à rien : le seul moyen d'y parvenir est de nouer une alliance avec lui et de toujours veiller à la renouveler. Il en va de même avec la force de vie : elle reste sauvage, elle ne peut jamais être totalement contrôlée, maîtrisée, mais elle attend d'être apprivoisée pour te prêter sa puissance.

Cette force est toujours présente avec toi. Quand tu l'autorises à se déployer en toi, tu as de l'énergie, du courage, de l'allant, de l'enthousiasme, tu es « au mieux de ta forme ». Mais il te suffit d'oublier de l'entretenir pour qu'elle s'étiole, s'enlise ou même s'échappe.

Pour l'apprivoiser et la faire revenir, les sages tibétains ont adopté une méthode qui s'apparente à celle du mythe du cheval de Troie, repris par Homère dans *L'Odyssée*. De quoi s'agit-il ? Depuis plus de dix ans, les Grecs assiégeaient en vain la ville de Troie. Ils avaient tenté les assauts, la famine, mais rien n'y faisait. Ulysse a alors une idée : rentrer dans Troie par effraction. Il fait construire un immense cheval de bois dans lequel se cachent ses guerriers et il convainc les Troyens d'accepter l'offrande. Ils ouvrent la porte au cheval. À la nuit tombée, les guerriers en sortent et s'emparent de la ville.

Pour ramener le Cheval de Vent en toi, tu vas, toi aussi, procéder par effraction et laisser ainsi ses guerriers se déployer dans ton esprit. Reviens pour cela à de petites choses toutes simples. Moi, quand « ça ne va pas », j'effectue un détour pour voir le massif d'hortensias planté de l'autre côté de la tour où j'habite. Cela me prend quelques minutes, mais nourrit la vie en moi et me donne de la joie. Pour toi, c'est peut-être danser, chanter quelques minutes à tue-tête, courir, choisir ce matin de mettre une cravate ou des boucles d'oreille, tous ces menus gestes qui ne sont pas « utiles », que tu juges même accessoires, mais qui modifient ton état d'esprit. Saisis-toi de cet instant où tu relèves la tête, prête attention à la petite vibration d'énergie qui monte en toi, laisse-la venir : tu te sens digne à nouveau. Le Cheval de Vent, l'énergie de la vie, se manifestent par un sentiment de joie : on a envie d'avancer et on n'a pas besoin de se forcer pour le faire.

Ta force de vie, ton Cheval de Vent est nourri par la beauté, par la vie, par l'énergie du monde qui, si tu le regardes, est toujours prêt à t'offrir un cadeau pour t'aider à aller mieux. Pour te rappeler qu'il existe.

Chaque sagesse, chaque tradition a donné un nom à cette force de vie qui te régénère et, de ce fait, te rend la joie.

– Le Ka de l'Égypte pharaonique est le double immatériel de chaque individu, une puissance fondamentale qui l'accompagne depuis la naissance, qui doit être nourrie et qui, en échange, le régénère et entretient la vie en soi. Dépressions, maladies, sont les signes d'une défaillance du Ka.

– Le Qi des Chinois est, lui, une énergie palpable, un flux, un mouvement de la vie qui circule dans tout le corps, mais aussi dans tout l'univers auquel nous sommes intrinsèquement reliés. À chacun d'accompagner ce mouvement au lieu de bloquer – un blocage qui, dans la perception chinoise, entraîne la maladie physique et psychique et nécessite l'intervention d'un médecin traditionnel ou d'un acupuncteur. Nourrir la vie en soi, c'est s'aligner avec le mouvement juste, avec le temps juste.

– Le Pneuma des Grecs est un souffle à la fois matériel, spirituel et divin. Ce principe vital est analogique au Qi : il demande à être nourri et à pouvoir circuler. Comme les Chinois, les Égyptiens ou encore les hindous avec le Prana, les Grecs lui attribuaient la cause de la vie et celle des maladies (quand on l'empêche de circuler).

– Le Cheval de vent, un terme que j'ai emprunté aux Tibétains, est sans doute le nom le plus imagé donné à cette force de vie qui, tu le constates, est partout décrite de la même manière et produit les mêmes effets.

Tu es déprimé(e), tu as cessé de croire en toi, la flamme de la vie semble t'avoir abandonné(e) et tu cherches un trou dans lequel te terrer ? Toutes ces expressions signifient une seule chose : tu es coupé(e) de ta vitalité. Tu sais très bien que tu n'iras pas mieux en t'enfermant sur tes problèmes. Change de paradigme ! Cultive et célèbre ce qui te relie au monde, nourris ton cheval et, avec lui, la flamme de la vie en toi.

Je vais te dire comment faire :

1. Fais attention à ce que tu manges.
2. Prends une douche.
3. Marche !

Ces trois conseils peuvent te sembler absurdes. Tu aurais peut-être préféré que je te fasse réfléchir ou méditer, que je te propose du « sérieux » au lieu de l'accessoire. Je ne t'ai pas parlé de ton esprit, c'est vrai, mais uniquement de ton corps. Car il est temps de sortir de l'opposition entre le corps et l'esprit : tu es les deux en même temps et, si tu en as vraiment conscience, tu peux agir sur l'un en actionnant les leviers de l'autre. Quand Jésus dit à Lazare : « Lève-toi et marche », il sous-entend : fais renaître le souffle de la vie en toi. Lazare était-il vraiment mort ? Il était en tout cas coupé de toutes ses forces de vie. Jésus ne lui a pas ordonné d'ouvrir les yeux, mais de marcher, c'est-à-dire d'animer le désir en lui…

***

Comment nourrir la flamme de la vie en soi quand le moral est au plus bas

Procède de la manière la plus simple possible. Oublie les grandes théories et reviens à l'essentiel : ce qui te fait plaisir sur le moment. Ça peut être aller nager ou courir, te préparer une tasse de thé, te plonger dans un roman (ou dans un bain).

Accorde-toi le temps (ne serait-ce que 5 ou 10 minutes) de te consacrer pleinement à cette action. Le secret est de synchroniser ton corps, ton esprit et la situation (plutôt que de laisser ton corps effectuer une tâche pendant que ton esprit vaque à une autre occupation).

Laisse agir ce moment qui est en train de nourrir profondément ta vitalité et de te booster. Tu sens l'énergie revenir en toi, comme un cadeau de la vie.

Tu te sens alors porté(e), digne, accompli(e), heureux(se).

Le cheval du vent éveille et rend accessible à chacun de nous, dans n'importe quelle situation, le courage et la vaillance. Il s'agit de transcender le doute et l'hésitation et d'invoquer un état de présence ouvert et vif.

Chögyam Trungpa

15

Ne vis pas en apnée

LÈVE-TOI ET RESPIRE

C'est une princesse Élisabeth éreintée par la vie qui, en 1643, prend sa plume et écrit à René Descartes, alors un philosophe reconnu et sollicité par les plus grands esprits de son temps. La fille aînée de Frédéric de Bohême a vingt-quatre ans, elle vit en exil depuis la destitution puis la mort de son père, elle a étudié les lettres classiques et modernes, parle six langues et voue une passion à la philosophie. Elle lui demande de devenir son professeur de morale et elle l'interroge d'emblée sur les rapports entre le corps et l'âme, dont Descartes affirme le dualisme. Cette question la laisse perplexe, sa mise en pratique se heurte, dans la vraie vie, à des obstacles, mais elle ne demande qu'à être convaincue.

Au fil des lettres, Élisabeth confie à Descartes ses souffrances. Il l'entend, lui qui a perdu sa mère à sa naissance, puis sa fille adorée, et qui doit affronter les critiques, les polémiques, les rejets.

Les interrogations de la princesse, qui le considère comme son thérapeute, le « médecin de son âme », l'interpellent. À vrai dire, il bute sur ses questions qui ébranlent parfois tout le socle de sa pensée. Au fil des lettres, il lui répond à cœur ouvert et entreprend en parallèle la rédaction de son *Traité des passions* qu'il lui dédie et dans lequel il réhabilitera les émotions et révisera certains points de la théorie dualiste qu'il avait élaborée.

Élisabeth est ce que l'on appellerait aujourd'hui une « intellectuelle ». Depuis sa plus tendre enfance, elle a appris à faire appel à la raison et c'est par elle qu'elle entend dominer sa tristesse et ses émotions. Descartes prend très vite le contrepied au point que, le jour où elle lui écrit pour se plaindre d'une fièvre tenace et d'une toux qui ne la quitte pas malgré tous les remèdes des médecins, il lui répond aussitôt : « La cause la plus ordinaire de la fièvre lente est la tristesse », avant de lui conseiller de ne pas se consacrer exclusivement à la métaphysique, mais d'apprendre aussi, pour améliorer sa santé mentale, à aller se promener, à s'immerger dans la nature et à l'observer.

Leur correspondance, qui se poursuit jusqu'à la mort du maître en 1649, constitue l'un des plus beaux traités pratiques sur le bonheur. Descartes y dévoile ses propres recettes : « La principale règle que j'ai toujours observée en mes études et celle que je crois m'avoir le plus servi pour acquérir quelque connaissance, a été que je n'ai jamais employé que fort peu d'heures par jour aux pensées qui occupent l'imagination, et fort peu d'heures par an à celles qui occupent l'entendement seul, et que j'ai donné tout le reste de mon temps au relâche des sens et au repos de l'esprit. C'est ce qui m'a fait retirer aux champs. »

Il s'intéresse de plus en plus aux liens mystérieux entre le corps et l'esprit qu'il nomme l'âme. « L'union des deux premières (le corps et l'âme) n'est pas la somme des deux premières », lui écrit-il. Il constate, de manière empirique, que la reconnaissance de cette union est l'occasion de guérir et d'accéder au bonheur : prendre soin du corps permet de prendre soin de l'âme puisque ces deux entités sont dans une unité fondamentale.

Descartes se lève et marche pour raviver la vie en lui, corps et surtout esprit. Car, entre-temps, vers la fin de son existence, il a repensé les relations entre ces deux entités et a presque renié ce fameux dualisme cartésien qui a marqué toute la pensée occidentale et n'a jamais été révisé. Nous continuons à diviser notre temps : quand je suis à la salle de sport (ou au spa, ou chez le coiffeur, ou dans une boutique pour m'acheter de nouveaux vêtements), je crois me consacrer exclusivement à mon physique. Mais quand je suis derrière mon bureau, je ne suis plus qu'esprit, je néglige mon corps, ma posture, je ne me lève pas, comme Descartes, pour aller aux champs – qui peuvent être le petit square d'à côté.

Te mettre debout est un acte qui a pourtant des répercussions profondes sur ta manière de sentir, de penser, sur tes émotions. C'est aussi le signe de ton humanité. Les préhistoriens s'accordent aujourd'hui sur le fait que le développement de l'espèce humaine n'a pas commencé par le cerveau, mais par les pieds – pour reprendre la jolie expression de l'ethnologue André Leroi-Gourhan. La position verticale a en effet permis la libération de la main et la réduction des contraintes de la voûte crânienne, laissant de la place à l'expansion du cerveau. En se mettant debout, l'être préhumain est devenu humain. Tu le sais bien : quand tu ploies sous les critiques, sous le harcèlement, et que tu te tasses sur toi-même, tu te sens rapetisser, y compris psychiquement. Mais quand tu te mets debout pour affronter ton adversaire, tu changes de posture morale, tu te redresses, tu ne renonces pas.

Mets-toi tout de suite debout ! Laisse cette expérience t'animer, résonner en toi. Tu te mets en mouvement, corps et esprit. Respire profondément pour réinstaurer tes échanges avec le monde. Absorbe l'oxygène et fais confiance à ton corps qui, à partir de là, va maintenir ton esprit en vie.

Descartes pousse sa réflexion encore plus loin, au risque de dérouter sa correspondante : « C'est en usant seulement de la vie et des conversations ordinaires et en s'abstenant de méditer et d'étudier aux choses qui exercent l'imagination qu'on apprend à concevoir l'union de l'âme et du corps. J'ai quasi peur que Votre Altesse ne pense que je ne parle pas ici sérieusement ; mais cela serait contraire au respect que je lui dois. »

Et, ultime conseil, il lui suggère le beau pour remède : « Comme la santé du corps et la présence des objets agréables aident beaucoup à l'esprit pour chasser hors de soi toutes les passions qui participent de la tristesse et donner entrée à celles qui participent de la joie, ainsi réciproquement lorsque l'esprit est plein de joie, cela sert beaucoup à faire que le corps se porte mieux et que les objets présents paraissent plus agréables. »

Elle lui répond : « Vos lettres sont un antidote à la mélancolie. »

Face à tes problèmes, comme la princesse Élisabeth, tu serres les mâchoires et tu avances en apnée. Mais tu finis par suffoquer. Laisse de temps en temps revenir à toi l'enthousiasme et la joie de vivre : lève-toi et respire ! Réinvestis d'autres espaces, sors, bouge, réveille-toi ! C'est déconcertant : abandonne tes problèmes, tes soucis pour un moment et prends soin de ton corps pour apaiser ton esprit.

Je ne te convie pas, tu l'auras compris, à une action anecdotique, mais à un acte profond, aussi bien physique que moral et spirituel.

Je t'invite à mouvoir ton âme, ton esprit, par ton corps.

La sagesse populaire le sait bien : être debout n'est pas une simple posture physique, mais un manifeste de notre dignité. Debout, je ne suis pas « couché », « aplati », « rampant ». Debout, je redresse la tête et j'ouvre mes poumons pour respirer, pour me synchroniser avec le monde qui m'entoure...

Sois cartésien(ne) ! Aie des promenades heureuses et des conversations réjouissantes !

J'ose croire que la joie intérieure a quelque secrète force pour se rendre la fortune plus favorable.

Descartes

16

Dépose le fardeau de la culpabilité

TU N'ES PAS TOUT(E)-PUISSANT(E)

Il existe une règle mathématique qui ne souffre pas d'exceptions et que tu vas être amené(e) à vérifier en lisant les lignes qui suivent. Elle tient en deux chiffres :

– 1 % de la culpabilité que tu ressens et qui te fait souffrir relève d'un acte que tu as commis et que tu regrettes.

– 99 % de cette culpabilité qui te pèse, qui te ronge et ne te laisse pas indemne, n'a aucun fondement objectif. Je l'appelle la « culpabilité d'être ». Or, c'est elle qui obscurcit ta vie et t'interdit d'oser goûter le bonheur qui est pourtant là, devant toi.

À ce stade de la lecture, tu es sceptique et je le comprends : ainsi exprimée, la répartition de la dose de culpabilité que tu portes constitue un paradoxe pour le moins étonnant. Tu es peut-être en train de revoir rapidement toutes tes sources de culpabilité et tu n'es pas convaincu(e) par cette règle. Laisse-moi te raconter l'histoire de l'un de mes amis. Appelons-le Fabien (ce n'est pas son vrai prénom, mais il se reconnaîtra quand même).

Originaire de la région parisienne, Fabien s'est installé en Bretagne il y a une quinzaine d'années. Il y avait trouvé un travail qui lui convenait et une femme qu'il adore et qu'il a épousée. Il revenait régulièrement, tous les deux mois à peu près, voir sa famille installée non loin de Paris. Après la mort de son père, soucieux pour sa mère désormais seule, il avait choisi de revenir un peu plus souvent, une fois par mois, voire toutes les trois semaines. Son travail était prenant, il ne disposait que des week-ends pour parcourir les 1000 kilomètres aller-retour. Il ne se souvient pas que sa mère lui ait exprimé de reproches mais, me disait-il, il les lisait dans son regard, dans sa voix, dans son attitude. Il sentait qu'elle lui demandait de venir plus souvent. Est-ce vrai ? Là n'est pas la question.

Fabien se sentait coupable de ne pas lui accorder plus de temps. Cette culpabilité l'envahissait d'autant plus qu'il était proche de sa belle-famille, laquelle habitait la même ville bretonne que lui. En arrivant chez sa mère, il se sentait coupable de devoir repartir le lendemain. En déjeunant, en dînant avec elle, il se morfondait de ne pas avoir le courage de lui rendre visite plus souvent. Il s'organisa alors pour venir toutes les deux semaines, quitte à sacrifier sa famille, à se sacrifier lui-même, lui qui avait besoin de repos. Mais quoi qu'il fasse, il sentait que ce n'était pas assez, qu'il pourrait en faire plus. C'était une course sans fin et il vivait avec ce poids sur le cœur.

L'erreur que nous commettons tous est de croire qu'en multipliant les efforts, nous allégerons notre culpabilité. C'est vrai quand nous sommes fautifs : tu t'es mis(e) en colère contre un voisin parce que tu étais de mauvaise humeur, tu as menti, tu as triché, tu es effectivement coupable. En le reconnaissant, en présentant tes excuses ou en réparant ta faute, tu pourras cesser de ressasser et tourner la page.

Mais quand tu n'es pas fautif(ve), l'issue est beaucoup plus difficile. Tu donnes, mais tu n'es jamais apaisé(e). Tu devances les demandes (qui d'ailleurs parfois n'existent même pas), mais déjà tu t'en veux de n'avoir pas fait mieux. Au fond, tu te sens coupable par rapport à l'autre, coupable d'être ce que tu es. Coupable d'être, tout court : quoi que tu fasses, ce ne sera jamais assez. Et tant que tu n'auras pas estimé, dans ta tête, que tu as bien répondu à tout et à tous, tu ne te permettras pas d'être heureux(se).

Cette culpabilité-là est l'une des principales causes de souffrance chronique. Elle a une phénoménale puissance de destruction. Fabien sentait en permanence qu'il trahissait sa mère, qu'il l'abandonnait, il s'en voulait d'être égoïste. Et il s'en voulait encore plus de se sentir mal, de n'être jamais vraiment détendu, d'avoir ce poids sur le cœur, toujours prêt à se réveiller, en particulier quand il passait un bon moment avec sa famille, sa belle-famille ou ses amis. Son empathie se transformait en poison.

Le psychanalyste Moussa Nabati a consacré une grande partie de ses recherches à ce phénomène. Il cite le cas d'un couple qui, au retour d'un voyage, constate que sa maison a été cambriolée. Ils s'échangent les reproches : « tu n'avais pas bien fermé », « tu as laissé une fenêtre ouverte », « tu n'as pas vérifié l'alarme ». Ils finissent, l'un et l'autre, par se convaincre d'être en faute et par se sentir coupables d'avoir été victimes, alors que le voleur, lui, ne traîne sans doute aucune trace de culpabilité. Leur cas peut être adapté à toutes sortes de situations : « La victime a tendance à se sentir coupable, à s'en vouloir et à s'en blâmer, comme pour pomper la culpabilité que l'agresseur se refuse d'assumer », relève Nabati. Plus tu es innocent(e)... plus tu te sens coupable, du fait d'un biais cognitif puissant, d'un renversement structurel dans notre esprit. C'est le cas pour un enfant dont les parents divorcent et qui se croit fautif, pour une femme violée ou battue, pour celui ou celle qui se fait arracher son téléphone en pleine rue... et s'en veut de l'avoir laissé dépasser de sa poche ou de son sac. Le pervers, lui, ne ressent pas la culpabilité.

Alors, me demanderas-tu, pourquoi est-ce le cas pour l'innocent ? La réponse est évidente : parce qu'il veut bien faire. Parce qu'il veut toujours mieux faire. Parce qu'il veut mériter d'être aimé, parce qu'il a peur d'être abandonné, de ne pas être reconnu. Il se torture pour conquérir sa place, pour être apprécié mais, ce faisant, se prive de la substance de la vie, se coupe de toute possibilité de bonheur. Placé face à sa peur cachée, Fabien l'a tout de suite désignée : il s'en voulait de n'avoir pas été plus présent quand son père était malade, il ne voulait pas que sa mère le lui reproche et qu'elle cesse de le considérer comme un « bon fils », de l'aimer.

La culpabilité est d'autant plus pernicieuse que souvent, à force de vivre avec elle et de l'intégrer à notre vie, on ne parvient plus à la reconnaître, à l'identifier. On ne se rend plus compte que l'on est mû par elle pour agir. Elle devient la structure d'une souffrance existentielle et nous empêche de voir la réalité de manière juste et claire.

Pour te débarrasser de ta culpabilité, tu dois consentir une première action que j'admets être difficile : descends de ton piédestal. Non, tu n'es pas tout(e)-puissant(e). Oui, tu peux aider l'autre, mais non, tu n'as pas le pouvoir de le guérir. Prends acte que tu te trompes, regarde ta peur en face, et ensuite dépose le fardeau.

Fabien a déposé le fardeau. Il n'a pas cessé d'aller voir sa mère, mais il a réalisé que pour lui, pour sa famille, il devrait y aller moins souvent, et surtout y penser moins souvent. Sa culpabilité n'a pas disparu d'un coup de baguette magique : il a fallu quelque temps pour qu'elle s'estompe. Il est honnête : il ne franchit pas toujours ces 1 000 kilomètres par plaisir, mais plus souvent par devoir. Il a appris à l'assumer et c'est ce qui l'aide à avoir la conscience tranquille, en tout cas le sentiment bienfaisant du « devoir accompli ». Il a surtout trouvé sa place auprès de sa mère : celle du fils, et non plus celle du démiurge tout-puissant qu'il se pensait être. Il est loin le temps où plus il agissait, plus il s'en voulait de ne pas en faire assez. Dans sa vie, il y a désormais un joli espace pour le bonheur...

***

Les trois pièges à déminer

Tu ressens le poids d'une culpabilité qui t'interdit toute légèreté. Identifie-la et interroge-toi.

1. Ce n'est pas parce que tu sens la culpabilité avec force qu'elle est vraie. Alors, es-tu réellement coupable ? Et de quoi exactement ?

2. Distingue la demande de l'autre de ce que tu penses qu'il attend de toi : on extrapole parfois les attentes des autres et on s'impose ce qu'ils ne réclament pas. Il n'est pas certain que ta famille exige que tu mijotes un plat équilibré tous les soirs, quand tu reviens épuisé(e) du travail !

3. Quand tu es face à une demande, pose-toi d'abord la question de savoir si elle est légitime, et ensuite si répondre à cette demande est dans tes capacités, et surtout de ton ressort.

Bien des erreurs peuvent être commises, même par le sage, mais celui qui cherche à bien comprendre et à agir sans hypocrisie, n'est jamais coupable de rien.

Zoroastre

17

Ne méprise pas la routine

APPRÉCIE LA FADEUR

Tous les matins, quand je me lève de mon lit, je me brosse les dents, puis je me rase. Je me rends ensuite à la cuisine, je prépare mon café et je le bois tranquillement, en prenant mon temps. Je ne me pose pas la moindre question avant d'effectuer ces gestes : ils se déroulent toujours dans le même ordre, chaque étape s'enchaînant à la précédente sans que je réfléchisse, que j'hésite, que je décide. Me raser avant de m'être brossé les dents, ou prendre mon café sans m'être rasé ne m'effleure même pas l'esprit.

C'est ma routine. Une parenthèse salvatrice durant laquelle je peux agir et effectuer correctement mes tâches sans avoir besoin d'y prêter la moindre attention. Mes gestes s'enchaînent tout seuls, laissant mon esprit libre de vagabonder, de réfléchir, d'être disponible à la musique de la vie et de la laisser agir en moi. Ce temps est neutre mais précieux. Il me régénère et me permet d'attaquer ensuite mon quotidien avec toute son intensité.

J'assume cette routine et je la revendique, bien qu'elle aille à contre-courant de la pensée établie qui la méprise et l'assimile à l'ennui de la répétition, à la mort de l'imagination. Il ne s'agit pas d'un travers de notre temps : déjà en 1839, Félix Ravaisson, qui n'était pas encore l'immense philosophe spiritualiste qu'il est par la suite devenu, prenait l'intelligentsia de court avec un texte d'une quarantaine de pages, *De l'habitude*. Celle-ci suscitait des railleries ? Il l'a définie, non comme une répétition monotone, mais comme une « spontanéité réfléchie ». Sans ce tissu de patientes répétitions, insistait-il, nous n'aurions pas le loisir d'exister parce que nous ne goûterions plus l'intense fraîcheur de la nouveauté : seules les routines nous permettent de véritablement accueillir ce qui réveille l'ordinaire.

Prenons le cas d'un virtuose. Il s'entraîne chaque jour, pendant des heures et des heures, sur son instrument. Il travaille pour apprendre ses notes jusqu'à les incorporer, jusqu'à ce qu'elles deviennent une deuxième nature, une nature acquise. Grâce à cette routine, il n'a plus besoin de réfléchir avant de réveiller les cordes ou les touches. Il peut, dès lors, ne s'occuper que de musique et c'est ce qui le rend heureux.

Je pourrais aussi te citer le cas de l'infirmier, du caissier, d'un chef cuisinier qui, grâce à la routine, ont intégré les gestes techniques du métier : changer un pansement, scanner un code-barres, nettoyer et couper les légumes... Ils n'ont plus besoin de se concentrer sur ces activités, ils font confiance à leur corps pour les mener à bien et peuvent ainsi, grâce à la disponibilité offerte à leur esprit, s'occuper de choses bien plus joyeuses : entrer en relation avec l'autre, laisser vibrer l'harmonie de la rencontre, être présent et disponible à l'accueil de la vie.

Ne te braque pas contre la routine ! Tu crains la répétition, tu envies ceux dont aucune journée n'est semblable à celle qui l'a précédée. À supposer qu'ils existent, crois-tu que leur quotidien soit enviable ? Devoir être ouvert à tout ce qu'il se passe, en toute conscience, avoir besoin de tout contrôler, de vérifier l'infime geste, le moindre détail, est certainement exténuant. Ceux-là ne savent pas faire confiance au bonheur profond de la vie.

Je ne te parle pas non plus de la routine étouffante, la routine-corset qui n'est que crispation et ne laisse place à aucune fantaisie. Celle-là n'est pas routine mais une série de manies obsédantes qui phagocytent l'attention, l'énergie, et qui n'ont rien de la grâce d'une vraie routine, ce don qui ponctue le quotidien et se transforme en grâce. Il n'est pas difficile de les reconnaître l'une de l'autre :

demande-toi tout simplement si ta routine te rend heureux(se).

Si la routine est un don, c'est parce qu'elle renferme une essence précieuse : la fadeur.

L'Occident perçoit cette dernière comme une ennemie, assimilée à un mets sans saveur ayant besoin d'être relevé, épicé, pour être accepté. Autorise-moi ici un détour par la pensée chinoise qui a tout classé, tout catégorisé, y compris les saveurs. Elle en reconnaît cinq. Les quatre premières sont binaires : le salé et le sucré, l'acide et le doux. La cinquième est unaire et n'a pas d'antonyme. C'est la fadeur, qui est aussi considérée comme la plus sensible : elle ne se qualifie pas et laisse, de ce fait, la porte ouverte à tous les raffinements. Sa plénitude doit être apprivoisée dans sa subtilité pour se révéler. Elle est l'espace de la disponibilité dans lequel tu t'apaises, une immensité qui ressource et régénère. Elle est un élément central d'un repas, d'une vie : en s'intercalant entre les autres saveurs, elle leur permet d'apparaître, d'exister, d'être savourées.

N'aie pas peur de la routine et de l'ennui, ne te détourne pas des choses simples de la vie. En eux résident une dimension spirituelle qui te nourrit, une confiance qui te rend enfin vivant(e).

La pensée chinoise m'a appris à regarder la mer comme un tableau. Au premier abord, tu crains de te lasser. Certes, il y a moins de couleurs, moins d'action que dans un film sur grand écran. « C'est fade, c'est routinier », me disait une amie. Accorde-toi le temps d'apprivoiser cette fadeur, perçois ce qui se dissimule au premier regard : la couleur changeante de l'eau, ses reflets, son mouvement. En face d'elle, fais l'expérience de la fadeur, de la routine. Entre dans la plénitude de la vie…

Chaque fois que nous prenons une habitude, nous renouvelons en nous, c'est-à-dire autant qu'il est possible à l'homme, quelque chose du geste de Dieu engendrant le monde. C'est la création qui recommence.

Jean Beaufret

18

Dieu vomit les tièdes

N'AIE PAS PEUR D'ÊTRE FOU

Se contenir. Se retenir. Se calmer. Parler à voix basse, sur un ton égal, sans jamais s'enflammer, ni s'enthousiasmer, ni déranger l'ordre établi. Cela, on te l'a appris depuis l'école. Ce dressage avait un but utilitaire : permettre aux cours de se dérouler sans que des démonstrations intempestives viennent les troubler. Afin que tu acceptes de bon cœur ce douloureux corsetage, on t'a par la suite peu à peu instillé d'autres justifications : tu rentreras ainsi dans la norme sociale et tu te feras accepter par les autres, ou bien tu connaîtras la paix donc le bonheur, ou encore tu accéderas à la sagesse, le nirvana de notre temps.

Et c'est ainsi que tu as toi-même continué à t'enjoindre d'être toujours sans excès, sans jamais déborder, ni dans le trop froid ni dans le trop chaud, à rester « égal(e) » dans une sorte de perfection éthérée, c'est-à-dire à ne jamais être toi-même pour être admis(e) dans la collectivité.

Tu as été pris(e) dans le piège et tu as cru que plus tu te contrôlerais, plus tu accéderais au bonheur.

« On » t'a brisé(e).

Je n'accuse personne. « On » n'est pas un individu en particulier, « on » n'est pas tes éducateurs ni tes parents. « On » est un immense nuage qui obscurcit notre ciel, nos esprits et nous amène à reproduire des schémas appris sans jamais les interroger. Des schémas incongrus, insensés, qui sont la source de notre malheur : de leur fait, nous regrettons d'être celui ou celle que nous sommes et, au lieu de nous allier avec nous-mêmes, nous nous flagellons en pensant faire ainsi œuvre de maturité.

Aujourd'hui, tu t'affoles à la vue de la moindre vaguelette que tu aurais provoquée à cause d'une colère, d'une joie, d'une angoisse, d'une peur, d'un cri incontrôlé. En raison d'une aspérité que tu n'aurais pas bien rabotée. Tu penses alors qu'il te reste du travail à effectuer sur toi-même pour mieux te « tenir », te calmer, pour ne plus être trop ceci ou trop cela. Tu te précipites sur des exercices, des coachings, des manuels de pseudo-sagesse qui, loin de t'apaiser, t'alourdissent du poids de la culpabilité en perpétuant l'idée que tu es en faute d'être comme tu es et que tu dois être « redressé(e) ». Et tu t'évertues à gommer, gommer, gommer tes singularités, tes couleurs, comme si tu aspirais à habiter un jardin où toutes les pivoines, toutes les roses, toutes les tulipes, toutes les pâquerettes seraient du même gris. Comprends-tu que ta quête de la tiédeur n'est rien d'autre qu'une attaque contre la vie ?

Les dieux eux-mêmes sont bouleversés quand tu agis ainsi ! Dieu s'emporte en te voyant t'emprisonner dans la paresse morale, dans l'impuissance, dans la non-action, et ainsi détruire la vie : « Parce que tu es tiède, et tu n'es ni froid ni bouillant, je te vomirai de ma bouche » (Apocalypse 3,15). Tu te réfugies dans ton petit train-train, dans un pseudo-confort sans intérêt, tu as l'impression d'être sérieux(se), rigoureux(e), mais tu es dans un « état de péché » pour reprendre l'expression du pape François commentant ce texte et dénonçant l'enfermement dans des certitudes qui nous donnent bonne conscience mais ne sont portées par aucune flamme.

Ne tue pas la vie, vis ! C'est ce que t'intime ce texte, au cœur de l'une des grandes religions, le christianisme. N'aie pas peur de déborder, de t'enflammer, de brûler d'amour, de te dépasser, d'être qui tu es, de sortir de la norme, de sortir de ce qui est convenu. Ne crains pas de toucher la vraie sagesse, celle de Jésus qui n'a jamais cessé de s'emporter, de s'enflammer, de dénoncer les carcans écrasants de son temps, celle du Bouddha qui a rejeté les normes, qui a détruit la construction sociale normative de son temps, qui a aboli les castes gages d'ordre, autorisé les femmes à pratiquer aussi bien que les hommes, scandalisant les tièdes et les convenus. Ces deux-là n'avaient pas généré des vagues, mais déclenché des ouragans.

Sois, toi aussi, égal(e) à toi-même, c'est-à-dire à ce que tu es. Ne crains pas d'apparaître et d'avoir des idées, d'être parfois fou ou folle, parfois idiot(e), n'ai pas peur de brûler de désir et d'exprimer ce que tu ressens, ne t'en veux pas quand tu te bats contre une injustice, quand tu exprimes ta joie, quand tu embrasses ce que tu es. Ose la liberté : tu n'es pas en faute, tu es sur le chemin de la vie, du bonheur.

Tu n'es pas heureux(se) quand tu t'éteins, mais quand tu brûles, quand tu risques, quand tu ouvres ton cœur et que tu sors du cadre pour vibrer et te laisser emporter, quand tu aimes. Peut-on aimer avec tiédeur ? Je ne le crois pas. Or, le bonheur c'est d'aimer.

Il y a quelque temps, l'entreprise où travaille l'une de mes amies avait accueilli une stagiaire à laquelle tout le monde s'adressait avec mépris, comme si elle n'était qu'une moins que rien. Ceux qui étaient en désaccord avec cette situation, et il y en avait, préféraient éviter de faire des vagues pour ne pas être rejetés. Cette amie, qui se souciait plus de justice que de vagues, avait fini par exploser.

Sa colère, une saine colère, avait choqué. Elle avait même effrayé, mais elle avait atteint son objectif : crever l'abcès. Mon amie avait pris le risque d'être qualifiée de « colérique », voire de « caractérielle », elle avait tempêté puisque son message ne parvenait pas à être délivré de manière policée. Je pense que la stagiaire, enfin reconnue par l'équipe comme une personne, se souviendra d'elle toute sa vie…

Heureusement qu'il existe des personnes qui sortent de la tiédeur et osent s'enflammer pour bousculer l'ordre établi ! Sinon, il n'y aurait rien de juste dans le monde. Je pense à Martin Luther King, à Mandela, aux grands hommes d'action, aux artistes, aux créateurs qui, à un moment, se sont laissé porter et emporter par ce qui les habitait.

La tiédeur est un renoncement à ce qui t'habite. Fais confiance à ce qui est en toi et mérite d'être écouté. Fais alliance avec la vie en toi. On n'est pas heureux parce qu'on est entré dans le moule et que l'on a éteint le feu qui nous anime mais, au contraire, parce qu'on a su lui être fidèle.

***

Les trois étapes pour surmonter sa tiédeur

Sans nous en rendre forcément compte, nous avons tous accepté des normes, des conventions, des règles que nous ne savons pas remettre en question. À cause d'elles, par crainte de faire des vagues, nous n'osons plus exprimer nos désaccords, dire non à une personne qui nous écrase, donner notre avis quand il contredit celui des autres, manifester nos envies, nos passions. Nous restons tièdes, sans relief.

Ébroue-toi pour retrouver tes couleurs !

1. **Repère où s'exprime ta tiédeur,** là où tu agis contre toi-même, contre ce qui t'habite, parce que tu veux apparaître comme une « gentille personne ». Nous confondons si facilement tiédeur et justesse…

2. **Demande-toi de quoi tu as peur.** Pourquoi te muselles-tu ? Crains-tu d'être rejeté(e), de ne pas être compris(e) ? Mets des mots sur cette peur. Est-elle légitime ?

3. Relie-toi au feu qui t'habite. Sens à quel point le fait de t'exprimer, d'oser aller au-delà de tes limites, te rendrait le bonheur. À partir de là, tu trouveras le moyen de mettre en application ton désir profond, de faire le premier pas pour aller dans cette direction.

Ce qu'on te reproche, cultive-le, c'est toi.

Jean Cocteau

19

Le loup n'est pas partout

EXAMINE TES PEURS

J'en ai assez des discours abstraits sur la peur qui se limitent à des « mais non, ne t'inquiète pas », assortis dans le meilleur des cas de conseils tout aussi abstraits pour reprendre confiance en soi : « n'y pense pas », « tu as tort », « tu es ridicule », « tu es capable » et autres absurdités qui ne mènent à rien. Il est temps d'y faire face de façon plus profonde.

La peur, les peurs sont aujourd'hui omniprésentes. Peur du lendemain, de l'inconnu, du voisin, d'un examen, de l'échec, du changement climatique, peur de soi-même, de se rencontrer, de lire un livre difficile, de dire ce que l'on pense, d'agir, de prendre une décision… Ces peurs, les angoisses qu'elles suscitent, entravent le bonheur en t'enfermant dans un terrier, et tu le sais. Tu essayes de les cacher, y compris à toi-même, mais elles resurgissent. Tu t'en veux de les éprouver et ton sentiment de culpabilité t'écrase davantage.

Le principal problème avec la peur est qu'elle est un concept-valise dans lequel nous entassons tout et le contraire de tout : les peurs réelles dont il faut effectivement tenir compte, et les peurs irréelles qui, elles, nous empoisonnent. Non, le loup n'est pas partout, quand bien même nous dupliquons son hologramme à l'infini et attendons, la boule au ventre, de le voir surgir en chair et en os devant nous. Mais il est quand même quelque part...

Je ne te demande pas pour autant d'effacer toute peur en toi !

Car les peurs réelles existent. Elles se manifestent en situation et te signifient qu'il existe un vrai danger contre lequel tu dois te protéger. Tu es suivi(e) dans la rue par un individu à l'aspect menaçant, tu as entendu un bruit étrange dans ton jardin... Ta peur est alors un signe d'intelligence qui t'alerte, te parle, te demande d'agir, de trouver une solution. La particularité de cette peur est qu'elle disparaît lorsque tu sors de la situation dangereuse : tu as semé l'individu menaçant, ta voisine était venue récupérer le ballon de l'enfant dans son jardin, peut-être même qu'il s'agissait d'un voleur, mais l'histoire est terminée. Tu conserveras quelque temps le souvenir de ta peur, mais ce souvenir n'est pas la peur elle-même.

Les peurs irréelles, elles, sont les plus nombreuses à nous tarauder. Tu les reconnais au fait qu'elles ne t'aident pas à affronter une difficulté. Au contraire, elles te font tourner en rond, te pourrissent la vie, te rongent, t'entravent, t'empêchent d'être toi-même, t'empêchent d'être. Leur particularité est qu'elles sont des représentations abstraites : tu as peur de prendre la parole en réunion, de bafouiller, d'avoir une réaction brusque ou de dire quelque chose qui déplaît, de croiser ton ex, de mettre les points sur les i avec ton collègue ou avec ta fille… Entendons-nous : une peur irréelle n'est pas « fausse », tu la ressens vraiment, mais son loup, lui, est irréel, en tout cas bien plus exagéré que ce qu'il est en réalité. En outre, cette peur-là te paralyse : tu n'agis pas pour contrer ce qui la déclenche et, comme une plaie infectée dans ton esprit, elle te fait de plus en plus mal, elle s'entretient, s'étend, d'autres sujets deviennent occasion d'une peur qui, au lieu de s'éteindre, s'amplifie. Le loup, ou plutôt son hologramme, s'installe partout.

Avant d'aller plus loin, livre-toi à un petit exercice.

Au cours de la semaine écoulée, combien de fois as-tu éprouvé une peur réelle, dans une situation où tu étais vraiment en danger et où ta peur t'a alerté(e) pour te protéger ? En revanche, combien de fois as-tu éprouvé une peur irréelle ?

Maintenant, disséquons ensemble l'une de ces peurs irréelles. Quel était le pire qui aurait pu t'advenir ? Par exemple, si tu avais effectivement dit une bêtise en réunion, que se serait-il passé ? Ton supérieur aurait froncé les sourcils ? Ton collègue aurait ricané ? D'accord, ton orgueil en aurait pris un coup. Et alors ? Demain, après-demain, ta remarque aurait été oubliée.

Les peurs réelles sont réveillées par un danger qui surgit. Les peurs irréelles le sont par la peur sourde d'être rejeté(e), incompris(e), critiqué(e), c'est-à-dire par la peur de ne plus être aimé(e). Les peurs réelles s'estompent quand la source du danger disparaît ; les peurs irréelles ont besoin que tu fasses alliance avec elles.

Tu as peur de t'engager dans une relation qui te tente mais risquerait d'entamer ta liberté, peur de t'exposer et d'avoir mal, peur de choisir une voie et de te tromper. Tu réagis face à cette peur en te refermant sur toi-même : tu ne parles pas, tu n'agis pas, tu n'avances pas, tu ne t'exposes pas pour ne pas risquer d'avoir mal. Tu t'éloignes des autres parce qu'ils te font peur. Tu t'isoles, tu te coupes du monde, or ceci est l'antinomie du bonheur.

Je te propose un autre chemin.

Commence par reconnaître ta peur.

Maintenant, écoute-la. Tu as cru qu'elle te disait : « Ferme-toi ! » Si tu tends bien l'oreille, tu percevras son vrai message : « Ouvre-toi ! »

Cette peur qui te sclérosait est en fait un cadeau. Elle est là pour te rappeler que tu es un être humain, que tu as un cœur vibrant, que tu as envie de t'engager, de vivre, d'être reconnu(e), aimé(e). Obéis-lui ! Chögyam Trungpa, qui fut l'un de mes maîtres et qui a été l'un des premiers enseignants tibétains de méditation en Occident, avait coutume de dire : « Le véritable courage est le produit de la tendresse. Il survient lorsque nous laissons le monde effleurer notre cœur. Nous sommes alors disposés à nous ouvrir, sans résistance ni timidité, à faire face au monde et à partager notre cœur avec les autres. » L'un de ses enseignements clés fut de démontrer que derrière la peur, il y a toujours la noblesse du cœur.

Oui, tu ressentiras une émotion à chaque fois que tu prendras le risque de t'ouvrir, de te mettre à nu. Oui, en t'exposant ainsi, tu risques de recevoir des critiques, d'avoir mal parfois. Oui, tu ne seras plus en sécurité comme lorsque tu avais fermé toutes les portes, toutes les fenêtres, que tu t'étais coupé(e) de la vie. Tu auras peut-être peur quand tu auras ouvert ces portes, ces fenêtres, quand tu auras laissé entrer l'air frais dans cette pièce où tu pensais être à l'abri. Mais ta peur se diluera dans cet oxygène, elle ne t'asphyxiera plus, elle ne t'envahira plus. Tu toucheras le bonheur parce que tu auras enfin osé te relier.

On peut facilement pardonner à l'enfant qui a peur de l'obscurité. La vraie tragédie de la vie, c'est lorsque les hommes ont peur de la lumière.

Platon

20

Ne te laisse pas dévorer

APPRENDS À POSER DES LIMITES

Tu ne sais pas dire non : à ta collègue qui a toujours mille excuses pour se décharger de son travail sur toi, à ton voisin qui t'annonce que, ce dimanche aussi, il utilisera sa perceuse ou sa tondeuse à gazon tôt le matin, à tes parents, à tes enfants qui te dévorent littéralement par leurs demandes insidieuses et toujours justifiées et qui ne semblent jamais rassasiés, à cet ami qui te retient une fois de plus, ce soir, au téléphone, pour te raconter ses misères alors que tu ne rêvais que de te détendre devant une bonne série.

Tu n'oses pas leur dire non, tu t'en voudrais de leur poser des limites. Tu as toujours été généreux(se) de ta personne, de ton temps. Tu te dis que « ça ne se fait pas », tu crains de te montrer méchant(e) et, par conséquent, d'être rejeté(e), donc malheureux(se). D'ailleurs, ces limites, où devrais-tu les poser ? Trop souples, trop lâches, elles risquent de s'éloigner, de s'évanouir, de disparaître de ton horizon comme c'est le cas actuellement. Trop rigides, trop proches, elles te protégeraient sans doute, mais au risque de t'isoler, de te couper des autres puisque tu serais dans le « non » permanent. Alors tu prends sur toi, encore une fois. Jusqu'au jour où une goutte d'eau fait déborder le vase, et tu finis par exploser et là, par effectivement couper les liens. Tu m'accorderas que tu n'ouvres pas de la sorte la voie à ton bonheur : on ne peut pas être heureux en l'absence de liens justes.

Mais qu'est-ce qu'un lien juste, me demanderastu ? Au-delà de la question des limites, il y a celle de la reconnaissance : quand tu te laisses dévorer, tu sais au fond de toi que tu es instrumentalisé(e), que tu n'es pas reconnu(e). Tu es dépossédé(e) de ton être. Le philosophe allemand Axel Honneth, qui a énormément réfléchi à cette question, affirme que la reconnaissance est nécessaire au bonheur dans la mesure où elle me permet d'avoir « ma » place agissante dans le monde. Ce besoin, dit-il, n'est pas uniquement psychologique ou personnel : il est la condition d'une société juste, c'est-à-dire une société qui permet la liberté de l'individu, donc son épanouissement. « Le mépris, la dépossession de ce qu'on est, écrit-il, ne produit pas seulement une limitation radicale de l'autonomie personnelle, mais provoque le sentiment de ne pas être un sujet moralement similaire à autrui, ni un être capable. » Et il ajoute : « Ce qu'il y a de juste ou de bon dans une société se mesure à la capacité à assurer les conditions de la reconnaissance réciproque qui permet à la formation de l'identité de la personne et donc à la réalisation de l'individu de s'accomplir de façon satisfaisante. »

En ce sens, poser des limites n'est pas un caprice mais une nécessité, aussi bien pour ton épanouissement que pour un fonctionnement social sain.

Il existe quatre règles toutes simples à appliquer pour apprendre à poser des limites justes. Elles s'appliquent aux différentes situations que tu rencontres, mais exigent que tu analyses chaque situation au regard de tes propres possibilités. Rassure-toi : elles ne t'amèneront pas à toujours dire « non » et ne te transformeront pas en un être méchant et égoïste ! Elles t'aideront cependant à ne pas toujours dire « oui », sans pour autant porter le poids de cette « mauvaise conscience » qui, chez toi, est prompte à se manifester.

1. Ne cherche pas à contrôler l'autre

Ton oncle Robert, qui vient dîner chez toi, est un gros fumeur. Tu peux tout à fait lui demander de ne pas fumer dans ta maison, exprimer ton propre besoin, mais tu n'as pas le droit de lui dire d'arrêter de fumer. Tu poses une limite pour te sentir en paix, pour te protéger, mais sans intervenir dans la vie des autres ni chercher à régler leurs comportements. En les respectant dans ce qu'ils sont, tu crées un espace dans lequel peut s'établir une communication saine.

Quand ta mère t'explique une fois de plus comment éduquer tes enfants, pose tes limites en lui demandant de ne pas te faire part de ses opinions. Ainsi, tu ne lui interdis pas de penser ce qu'elle veut, elle en a tout à fait le droit, mais tu lui expliques qu'elle n'a pas à te l'imposer. La nuance est subtile, mais très libératrice : tu ne condamnes pas l'autre, tu ne l'agresses pas dans ce qu'il est, dans ce qu'il croit, dans ce qu'il pense, mais tu lui demandes de respecter ce que tu es, ce que tu crois, ce que tu penses... et ce dont tu as besoin pour te sentir en paix.

2. Opte pour la clarté

Les autres, y compris ton oncle Robert, ta mère, ton collègue, ta compagne ou ton compagnon, sont incapables de lire dans tes pensées, surtout quand tu les dissimules bien. Prends le temps d'expliquer et d'exposer ce dont tu as besoin pour ton confort et ta sécurité, sinon ils ne pourront pas le comprendre. Rester dans la confusion n'est pas de la gentillesse, se cantonner aux demi-vérités ne rend pas aimable. Être gentil, c'est aussi savoir créer un espace de clarté.

Sophie promène son chien tous les matins et elle a besoin de ce moment pour réfléchir, se poser. Mais sa voisine Marie la rejoint régulièrement pour bavarder avec elle, ce qui crispe Sophie. Elle n'ose pas poser ses limites, de crainte de se montrer désagréable. Mais de fait, au fil des jours, et sans rien expliquer à Marie, elle est de plus en plus désagréable avec elle. Poser des limites est certes inconfortable, mais quand Sophie a expliqué à Marie qu'elle avait besoin de ce quart d'heure de solitude matinale pour se poser, et qu'en revanche elle apprécierait sa compagnie pour les promenades du week-end ou du soir, Marie, qui s'interrogeait sur l'attitude de son amie et regrettait leur ancienne complicité, en a été soulagée. Elle a compris ce besoin qui s'exprimait avec clarté.

Bien sûr, en posant tes limites, ne te contente pas d'exposer ce dont tu as besoin avec clarté, mais prends également l'autre en compte. Il ne s'agit pas d'imposer tes caprices, mais d'écouter tes besoins. Accorde-toi le temps d'analyser leur légitimité puis de réfléchir à la bonne formulation en tenant, encore une fois, compte de l'intérêt des deux parties : l'autre… mais aussi toi-même. Les limites ne sont pas des murs que tu édifies, mais des clôtures. Comme chacun le sait, les bonnes clôtures font les bons voisins : elles permettent de définir un périmètre, mais elles n'interdisent pas les visites, bien au contraire !

3. Ne te noie pas dans les explications

Tu as dit non et tu te sens mal à l'aise, tu commences à te justifier, à t'empêtrer, à aborder des sujets très personnels, très intimes pour te dédouaner. Vois-tu que tu as brouillé ainsi toute la clarté ? Contente-toi d'une explication simple, elle en sera d'autant plus évidente.

4. Pose graduellement les limites

Les parents de Paul sont fraîchement divorcés et sa mère n'arrête pas de dire du mal de son père, ce qui le perturbe énormément. Il en vient à éviter de la voir et même de répondre à ses appels téléphoniques, pour ne pas exploser et lui dire crûment ce qu'il pense. La technique la plus efficace face à cette situation délicate est celle des feux tricolores :

Le feu vert est la manière très douce : « Maman, ne parle pas de papa devant moi, je vous aime tous les deux et je ne veux pas en entendre davantage. »

Le feu orange implique plus de fermeté : « Maman, je t'ai demandé de ne pas parler de papa devant moi, arrête. »

Le feu rouge, qui ne peut intervenir qu'après les deux précédents, est celui de la fermeté : « Je te l'ai dit, je ne vais pas t'écouter. Je pars faire un tour et je reviendrai. »

Tu as craint, en posant des limites, d'être jugé(e) méchant(e), égoïste et que sais-je encore. Tu vas peut-être te sentir gêné(e), un peu coupable. Mais ouvre les yeux et regarde objectivement la situation telle qu'elle est : ces limites, tu le vois, n'ont pas rompu l'échange, et si elles l'ont fait, c'est une extraordinaire nouvelle puisqu'il ne s'agissait pas en fait d'un échange mais d'une forme de soumission dans laquelle tu t'étais laissé entraîner. La relation peut repartir sur des bases respectueuses, saines, parce que fondée sur une reconnaissance réciproque. C'est ce que j'appelle une relation heureuse.

On n'a jamais vu, on ne verra jamais, une société vivre et se gouverner sans préceptes et sans interdits.

Pierre Legendre

21

Tu n'as pas confiance en toi

Aie confiance en ce qui est plus grand que toi

Je fais confiance à mon médecin. Nous avons, au fil du temps, créé une vraie relation. Il sait me poser les bonnes questions, il me fait part de ses doutes, de ses hésitations, me demande parfois un examen supplémentaire pour tester une piste, sans garantie d'avoir trouvé la solution. Je n'ai d'ailleurs pas la certitude absolue qu'il va la trouver, je continue à avoir mal au ventre de temps en temps, mais cela n'entame en rien cette confiance que j'ai en lui ou, pour être plus précis, en son savoir.

De la même manière, je fais confiance à mon plombier, à qui je fais appel depuis des années, pour repérer l'origine d'une fuite d'eau et la réparer : il connaît son métier et je sais qu'il ne m'abandonnera pas avec cette fuite, quitte à me conseiller, si le problème est grave, un expert qui serait plus compétent que lui. Ceci dit, malgré toute la confiance que je lui accorde, je ne lui confierais pas ma santé, pas plus que je ne confierais mes robinets à mon médecin. D'ailleurs, je ne songerais pas une seconde à les confier non plus à ma meilleure amie, à qui je fais pourtant pleinement confiance pour choisir la pièce de théâtre ou le concert que nous irons voir ensemble.

Mon raisonnement te semble tout à fait évident et sans doute que tu t'y retrouves. Maintenant, parlons de toi.

Tu me dis que tu ne te fais pas confiance. Je ne mets pas ta parole en doute... mais je ne la comprends pas. Tu ne te fais pas confiance pour quoi ? Bricoler, cuisiner, prendre la parole en public, conduire en haute montagne, jouer ce mercredi avec tes deux enfants, les aider à étudier ? En fait, tu attends de toi ce que tu n'attends pas des autres : être sûr(e) à 100 %, avec une certitude mathématique, de pouvoir tout réussir d'emblée avant de t'accorder confiance. Dès qu'il s'agit de ta personne, la règle du jeu est modifiée.

Je vais te révéler un secret : la confiance en soi telle que tu l'entends, telle que te la fait miroiter un certain discours qui la présente comme une sorte de talent ou de capacité psychologique à développer, cette confiance-là n'existe pas. Jean-Paul Sartre se moquait déjà de cette sorte d'ego immuable et tout-puissant, idéalisé et essentialiste, auquel certains prétendent. Il prenait l'exemple d'un coupe-papier. Son essence, c'est-à-dire sa définition, existe, disait-il, avant même qu'il ait à agir. Même posé sur la table, non utilisé, il reste un coupe-papier. Moi, je ne suis pas une identité fixe, une simple fonction : je peux avoir confiance dans telle ou telle capacité que j'ai acquise, ou dans le fait de pouvoir partir à l'aventure, mais ma confiance ne peut jamais être fixe et statique, donnée une fois pour toutes. On n'a pas confiance parce qu'on a renforcé son identité fixe mais, au contraire parce que l'on s'est libéré de cette illusion. Notre être est heureusement toujours en devenir !

Quand mon médecin généraliste m'adresse à un spécialiste, je ne lui retire pas ma confiance, au contraire, c'est même pour cela que j'ai confiance en lui. Il sait où s'arrêtent ses compétences et qui pourra intervenir mieux que lui sur tel ou tel point spécifique. Toi, tu refuses d'avoir confiance en toi parce que tu ne t'autorises pas la possibilité d'avoir des doutes, des hésitations, des craintes, voire d'échouer. Tu crains de ne pas être digne de la confiance totale que tu voudrais avoir la capacité de t'accorder.

C'est une erreur fondamentale car, dans la confiance, il existe toujours une dimension de non-certitude. J'ai confiance dans mon conjoint, mais pourrais-je être certain qu'il ne me trompera jamais ? Non, car sa fidélité n'est pas un fait immuable mais un don, un lien d'amour. J'attends, pour me faire confiance, d'être sûr(e) de réussir, mais en aurais-je jamais la garantie ? Si la confiance est si précieuse, si touchante, si merveilleuse, si bouleversante, si elle irradie, c'est justement parce qu'elle repose sur l'absence de certitudes.

Je vais te dire les choses autrement. Tu n'as pas confiance dans ton agrafeuse : tu sais qu'elle va agrafer. Quand elle a accompli sa tâche mécanique et inéluctable, tu n'es pas touché(e), tu n'éprouves pas ce tressaillement d'humanité, ce déclic de joie que tu ressens quand l'ami à qui tu as accordé ta confiance s'en est révélé digne. Ce déclic-là naît du doute inhérent à la confiance. Si tu entretenais à l'égard des autres êtres humains la même relation de certitude qu'avec ton agrafeuse, ta vie serait très malheureuse. Et là, j'en reviens à toi : pourquoi attends-tu, avant de te faire confiance, de devenir une agrafeuse ?

Ne te prive pas de l'une des grandes joies de l'existence qui est la merveille de la relation. Avec les autres, mais aussi avec toi-même, avec les compétences que tu as développées. Aie confiance dans ce que tu deviens, dans ce que tu élabores, dans ce que tu construis. Aie confiance dans la chose même que tu vas réaliser, qui te dépasse, qui est plus grande que toi. Honore « cette confiance en soi-même qui voit bien qu'elle peut se tromper mais qui n'a pas peur de se tromper », pour reprendre l'expression du poète suisse Charles Ferdinand Ramuz…

Quand je prends la parole en public, j'ai confiance, non pas en moi, ce qui n'aurait aucun sens, mais en ce que je vais dire parce que je l'ai travaillé, je l'ai expérimenté. Au moment de prendre la parole, j'ai néanmoins des doutes, des hésitations qui font partie de la confiance et ne sont pas des obstacles. L'hypnothérapeute François Roustang, dont j'avais suivi les enseignements, s'était un jour adressé, dans l'amphithéâtre de la faculté de médecine, à Paris, à une assemblée de médecins et de psychothérapeutes. Il avait inauguré sa leçon en leur disant : « Si vous n'avez pas peur avant de voir un patient, changez de métier. » La peur seule, associée à leur savoir qui est plus grand qu'eux, leur permettra de rencontrer le patient à neuf, de lui poser les bonnes questions pour parvenir à la solution. Si tu n'as pas peur, c'est que tu sais d'avance ce que ce patient va te dire, ce qu'il va se passer, et tu ne vas pas le rencontrer, tu ne vas pas pouvoir l'aider. De plus, tu finiras par t'emmerder dans cette démarche mécanique et absolument pas vivante.

N'aie pas peur d'avoir peur ! Ta peur est la porte ouverte à l'aventure, à l'enthousiasme, à la découverte de ce qui peut enfin te combler. Elle est la partie visible de l'immense iceberg vivant, vibrant, de la confiance en la vie.

***

Les trois clés pour métamorphoser les compétences en confiance

Dissocie ton moi de ce que tu sais faire ou de ce que tu vas apprendre à faire. Ne reste pas dans l'abstraction et entre dans l'action en utilisant ces clés que je te livre :

1. **Quelle est la compétence qui te manque aujourd'hui et que tu pourrais intégrer ?** Commence par un objectif simple : monter les œufs en neige, danser, planter un clou ou des fleurs. Tout ceci, tu peux l'apprendre, y compris sur Internet où il existe des tutoriels efficaces.

2. **C'est en prenant du plaisir que l'on gagne en confiance.** Mais avant d'éprouver du plaisir, tu vas parfois hésiter, parfois échouer, puis te sentir de plus en plus à l'aise... et trouver du plaisir. N'abandonne pas tout de suite, ne reviens pas à tes vieux démons qui te poussent à croire que « ce n'est pas fait pour toi ».

3. **Ne t'arrête pas à cette seule compétence.** En t'entraînant, tu vas aussi progresser dans la

connaissance de toi-même. Écoute-toi, identifie ce que tu aimes et ce que tu n'aimes pas. Ta compétence devient ainsi vivante.

L'homme ne peut pas vivre sans faire continuellement confiance à quelque chose d'indestructible en lui, et ce même si ce quelque chose d'indestructible, tout comme la confiance, lui reste continuellement caché.

Franz Kafka

22

Cesse de vouloir combler le manque

Tu n'auras jamais tout

En 1923, Franz Kafka s'installe à Berlin où il a rencontré Cora Diamant, une institutrice, sa dernière compagne. Il a tout juste trente-neuf ans mais une santé chancelante : il ne lui reste que quelques mois à vivre. Ses journées sont consacrées à l'écriture et ponctuées de courtes promenades.

Un jour, marchant avec Cora dans un parc, il croise une fillette en pleurs. Son chagrin est profond : elle a perdu sa poupée. Il lui parle, tente de la consoler, lui promet de revenir le lendemain pour continuer à chercher la poupée avec elle. Le lendemain, il est effectivement au rendez-vous. La poupée reste introuvable, mais Kafka remet à la fillette une lettre de la poupée qui lui écrit : « S'il te plaît, ne pleure pas. Je suis partie en voyage pour voir le monde, je t'écrirai mes aventures. »

Au cours des semaines suivantes, à chaque fois que Kafka croise la fillette, il lui remet une nouvelle lettre de la poupée, qu'il a bien sûr lui-même écrite, lettres dans lesquelles « elle » raconte ses aventures. Il pense clôturer ce petit jeu quand, à l'occasion d'un court voyage qu'il entreprend, il lui ramène une nouvelle poupée et la lui offre en prétendant avoir retrouvé l'ancienne poupée. La petite jauge la nouvelle poupée puis le regarde, un peu déçue : « Mais elle ne ressemble pas à la mienne ! » Le lendemain, Kafka lui remet encore une « lettre de la poupée » dans laquelle cette dernière explique à la petite que les voyages l'ont transformée, qu'elle a changé, mais que c'est bien elle qui a été retrouvée. La fillette la serra entre ses bras.

Kafka a pris en compte le chagrin de la petite fille. Il n'a pas balayé le manque qu'elle ressentait d'un revers de la main, il ne l'a pas nié : il l'a considéré comme une réalité. Je ne pense pas, même si l'histoire ne le dit pas, que la petite fille ait été dupe de ce manège. Cependant, elle était soulagée de voir quelqu'un se soucier de sa douleur et chercher à tisser un lien vivant avec elle pour l'aider non pas à le combler mais à le traverser.

Nous éprouvons tous des manques, et c'est normal : le manque fait, depuis notre naissance, partie de notre identité d'êtres humains. Mais nous ne le supportons pas et passons l'essentiel de notre existence à tenter de le combler, persuadés que c'est ainsi que nous toucherons le bonheur. Selon les époques, selon les individus, cela donne une boulimie : d'objets, de relations, de nourriture, d'argent, de reconnaissance, de lectures... Ou alors une infinie quête qui finit par envahir tout notre espace, qui vire à l'obsession : quête d'un compagnon, d'un meilleur job, d'enfants, d'amis... Cependant, rien ne peut combler ce manque fondamental que nous éprouvons.

La plupart des sagesses, qui y ont perçu la cause de notre malheur individuel et collectif, ont tenté de remédier à la question du manque en prônant la radicalité de l'ascèse, l'extinction des désirs, la célébration du rien, donc l'éradication de ce sentiment à la racine. Quelques rares héros y parviennent peut-être. Néanmoins, cette promesse va à l'encontre de la réalité de notre humanité. Elle est même, en son fond, une forme d'immaturité. Comment peut-on prétendre que la paix signifie l'extinction de l'appel de la vie qui nous habite ? Je te propose une autre approche : être heureux ne consiste pas à ne plus sentir le manque, mais à faire la paix avec lui et à le transformer en un profond allant de vie.

Tu crois en effet que ce qui manque à ton bonheur, c'est plus de ceci ou de cela, plus d'argent, plus d'habits, plus d'amis. En réalité, ce n'est pas du manque d'un objet ni d'un être que tu souffres, mais d'une incomplétude de soi, d'une insuffisance d'être soi – qui est naturelle et saine. Tu n'oses pas identifier la soif profonde d'infini qui t'habite, ni ta quête si humaine de plénitude. Tu penses les compenser par des choses limitées mais tu n'y arrives pas. Pourtant, tu t'obstines, tu mobilises toutes tes forces, toutes tes pensées, toutes tes énergies dans cette bataille insensée. Mais tu fais fausse route.

Le manque n'est pas ton ennemi, au contraire. Il est un signe de vie : c'est parce que tu me manques que je désire être auprès de toi. Le jour où je n'ai plus de désirs, je ne suis plus vivant… L'illusion est de croire que parce que tu me manques, je devrais t'enfermer dans une cage pour t'avoir sous la main et ainsi ne plus jamais éprouver cet appel à te rejoindre. Non ! C'est mon désir de te rejoindre, de rejoindre le monde enchanté de ta présence qui, paradoxalement, peut seul me combler. Le fait que tu me manques est non pas un problème, mais une chance.

La sagesse populaire nous offre ici une magistrale leçon de bonheur : le manque n'a pas à être comblé mais à être accepté et loué. En lui se trouve l'une des sources de joie les plus authentiques. Ne vois-tu pas que d'un bout à l'autre de la Terre, les êtres humains l'ont partout chanté avec tant de grâce et de beauté à travers le fado, le flamenco, le raï, le blues… ? Avec le manque, le ressentiment s'efface, la vie revient, le cœur s'ouvre et l'on pleure de bonheur…

C'est la splendeur de notre humanité : en renonçant à la fiction de notre toute-puissance, le manque devient espace de transfiguration.

Des années plus tard, la fillette qui avait croisé le chemin de Kafka dans un parc découvrit une dernière lettre cachée dans le torse de la poupée qu'il lui avait offerte. Kafka lui avait écrit : « Tout ce que tu aimes, tu finiras un jour par le perdre. Mais à la fin, l'amour te reviendra sous une forme différente… »

***

Les 5 étapes pour faire le deuil de sa complétude

La psychiatre suisse américaine Elizabeth Kübler-Ross a théorisé les cinq étapes émotionnelles du deuil. Ce sont ces mêmes étapes que chacun d'entre nous est amené à franchir pour faire le deuil de sa complétude et réussir à habiter le manque, à habiter avec le manque. Au lieu d'être un sujet de plainte, il devient une paix profonde, une pure tendresse, une manière de se sentir relié au monde, à la nature, aux autres :

Tout ce qui nous empêche d'être heureux...

1. Le déni. Tu nies le manque fondamental en toi et tu le figes sur une personne, un objet, un désir qui t'envahissent jusqu'à l'obsession : le désir d'amour, de rencontres, l'ambition, l'argent...

2. La colère. Elle est une étape indispensable pour sortir de la frustration. Il est douloureux d'assumer que tu n'auras pas tout.

3. Le marchandage. Tu essayes de négocier avec toi-même en espérant qu'au prix de quelques concessions, tu obtiendras quand même ce qui t'obsède.

4. La dépression. C'est l'épreuve du chagrin quand tu comprends que tout n'est pas possible.

5. L'acceptation. Désormais, tu sais que le manque ne sera pas un obstacle à ton bonheur ni à ton épanouissement.

Le deuil de ta complétude ainsi traversé n'a rien à voir avec la résignation. Il ouvre à la vie qui revient.

Le désir, peut-être, est le don qu'aucun autre don ne comble.

Emily Dickinson

23

Tu as perdu espoir dans la vie

Regarde cet animal qui te regarde

Je méditais depuis quelque temps, cinq ou six ans, quand j'ai effectué ma première retraite de dix jours en solitaire. Des amis m'avaient prêté une petite maison isolée, en lisière de forêt.

Les deux premiers jours, j'étais habité par un sentiment de paix. Le troisième jour s'était d'emblée révélé plus difficile : je ressassais, j'étais épuisé par les mêmes pensées, les mêmes idées qui tournaient en boucle et revenaient. J'étais un peu découragé. Cet après-midi-là, comme il faisait beau mais pas trop chaud, j'avais sorti mon coussin dans le jardin.

J'étais assis les yeux mi-clos quand, je ne sais pas pourquoi, j'ai légèrement tourné la tête. À moins de trois mètres de moi se tenait une biche. Je n'ai pas bougé, elle n'a pas bougé. Pendant quelques secondes, nous nous sommes regardés dans les yeux. Puis elle est partie. Je n'étais plus le même. Je venais de vivre l'une des expériences les plus profondes de ma vie, à la fois simple et inattendue, commotionnante. Je venais de rencontrer une autre dimension de l'existence, à la fois très familière et très archaïque. J'étais heureux.

Bien des années plus tard, je m'en étais ouvert à mon ami Michel Le Van Quyen, un grand neuroscientifique, chercheur au laboratoire d'imagerie médicale de l'Inserm. Il a particulièrement étudié le phénomène que j'avais vécu et qu'il décrypte dans son magistral *Cerveau et Nature, pourquoi nous avons besoin de la beauté du monde* (Flammarion). « C'est un moment d'une extrême intensité, convient-il, où se mêlent la peur et une émotion liée à une relation profonde avec le vivant, inhabituelle et stimulante. »

Dans notre cerveau, poursuit-il, elle se traduit par plusieurs phénomènes simultanés :

Le premier, sans doute le plus inattendu, est l'activation de nos neurones miroirs qui réagissent instinctivement quand nous sommes face à un humain, à un semblable donc, et nous poussent à l'imiter. Cependant, lors de ses recherches, Michel Le Van Quyen a constaté que ces neurones peuvent aussi être activés par le contact avec des non-humains. Il en déduit qu'il existe une forme d'empathie primitive, immédiate, qui ne passe ni par la conscience ni par la réflexion, et qui nous lie à l'ensemble du vivant. Cette empathie crée, à travers une collecte d'indices perceptibles par nos cinq sens, même quand ils n'atteignent pas la conscience, une communication instantanée entre nous et l'autre, quel qu'il soit.

Le deuxième phénomène est également surprenant : face au regard de l'animal, notre hypothalamus produit de l'ocytocine, une hormone sécrétée dans le cerveau quand nous éprouvons de l'empathie pour quelqu'un. « Elle est essentiellement associée à la confiance et au sentiment de sécurité que l'on éprouve en présence d'autrui, explique-t-il. Ainsi, elle est très présente dans le cerveau après un accouchement. Elle favorise alors les comportements maternels et contribue à créer le lien privilégié entre la mère et l'enfant. De manière plus large, elle interagit également sur notre comportement avec les autres dans bien des domaines, dont celui de l'écoute et de l'affection. »

Au Japon, l'équipe de Miho Nagasawa a poussé les recherches dans ce sens. L'une de ses études, publiée dans la revue *Science*, note que lorsqu'un humain et un chien se regardent dans les yeux, le taux de cette hormone bienfaisante augmente dans leurs deux cerveaux et contribue, sur le court et le moyen termes, à renforcer les liens entre eux.

À partir de ces éléments neuroscientifiques, j'ai réfléchi avec Michel Le Van Quyen à l'expérience qui m'était advenue. Croiser le regard de l'animal eut l'effet d'un séisme dans mon cerveau, créant une brèche, faisant effraction au milieu du bavardage dans lequel j'étais enfermé. Ce séisme s'est produit en trois étapes :

1. Probablement sous l'effet de l'ocytocine, j'ai été touché, ému, un sentiment de chaleur m'a envahi, je me suis senti en lien avec cet animal et, au-delà de lui, j'ai senti que j'étais accepté par le monde qui me regardait.

2. L'activation simultanée de mes neurones miroirs a renforcé le lien entre la biche et moi, aussi improbable, surprenant, invraisemblable que soit ce lien.

3. Une fois la brèche ouverte, le cercle vicieux dans lequel étaient emprisonnées mes pensées s'est rompu. D'où l'impression d'ouverture qui m'a envahi ce jour-là et m'a transporté.

Quand tu te sens enfermé(e), quand tout va mal, quand tu as perdu espoir, il te reste l'inattendu qui surgit dans ta vie, à travers lequel tu reprends pied. Il ne s'agit pas d'un événement monumental, loin de là. Cet inattendu dont je te parle réside dans de petits clins d'œil que te fait la vie, d'infimes moments, de minuscules bonheurs qui font effraction dans la grisaille : une fleur jaune qui a poussé sur ton chemin, un ami qui t'appelle, ton petit garçon qui te dit « je t'aime maman » ou « je t'aime papa ». Ceux-là, apprends à les saisir, ils sont fugaces mais portent le bonheur en eux.

***

Le nuage rose

« Hier soir, environ vers neuf heures, j'ai encore joui d'un spectacle de toute beauté. De mon canapé, où j'étais étendue, je remarquai dans la vitre un reflet rose, ce qui me surprit, car le ciel était entièrement gris. Je courus à la fenêtre, et je restai comme fascinée. Sur le ciel d'un gris monotone, je vis s'amonceler à l'orient un gros nuage d'un rose si surprenant et se détachant à tel point du reste, qu'il paraissait comme un sourire, un salut venu de l'inconnu. Je me sentais comme libérée, et j'étendis involontairement les deux mains vers l'image mystérieuse. N'est-ce pas que tant qu'il y aura d'aussi belles couleurs et d'aussi belles formes, la vie sera belle et vaudra la peine d'être vécue ? »

Rosa Luxembourg est en prison pour incitation publique à la désobéissance quand elle écrit ce texte, le 20 juillet 1917. Pacifiste, communiste, elle continue de militer avec acharnement pour ces idéaux. Bien qu'elle soit tout entière tendue vers sa lutte, elle prend conscience de la possibilité de vivre l'expérience surprenante du bonheur advenant sans raison, par surprise, sous la forme d'un nuage rose. Au-delà du nuage, c'est la vie elle-même qu'elle voit...

Ne détourne pas les yeux quand tu vois ce nuage. Reste-lui fidèle quelques instants, laisse-le te déplacer. Il est un cadeau que t'offre la beauté du monde pour te rappeler le sens profond et merveilleux de la vie.

Tout peut arriver, parce que nul ne sait rien, parce que la réalité dépasse toujours ce que nous savons d'elle ; parce que les choses ne sont pas achevées et fixées, ni notre savoir à leur sujet, et que la vérité n'est pas quelque chose qui est là, mais à revers : nos rêves, nos espoirs peuvent la créer.

María Zambrano

24

Ne te laisse pas brider

RETROUVE TON DÉSIR

Jeune enseignant, je mettais en garde mes élèves contre le rouleau compresseur de la vie. Pétris de conventions et de règles que nous oublions d'interroger, nous nous y soumettons peu à peu, par le jeu d'une accumulation de compromis. Avec les années, le piège se referme. Nous « rentrons dans le rang », notre désir de changer le monde s'éteint et, avec lui, la flamme que je voyais dans les yeux de mes élèves, la flamme de la vie. Ils se pensaient sans doute plus forts que ce rouleau. Ils ne me croyaient pas.

Il m'arrive, à l'occasion de séminaires pour cadres d'entreprise, de retrouver certains de ces anciens élèves. Ils ont gravi les échelons, obtenu des postes confortables, construit des vies bien organisées. Ils sont surmenés, comme la plupart de leurs collègues, mais très peu en sont conscients. Je les observe accomplir absolument tout ce qui leur est demandé, mais de manière mécanique. De toute évidence, ils se plient aux règles, mais sans songer à y prendre du plaisir. Sans s'amuser, ou alors en surface pour, une fois de plus, montrer qu'ils jouent le jeu.

Lors de l'un de ces séminaires, j'avais attaqué ma conférence plénière en leur décrivant leurs journées : « Tu te lèves le matin, tu regardes ton téléphone, tu avales ton café en vitesse, tu cours, tu enchaînes les réunions, tu fonces tête baissée, tu réponds aux injonctions, tu rentres chez toi, tu sais que tu devrais être disponible pour tes enfants que tu adores mais tu es trop fatigué(e), ou alors tu t'en occupes en jetant un coup d'œil à ton téléphone pour t'assurer qu'il n'y a pas d'autres urgences, un rien t'énerve, tu regardes la télévision, tu te couches trop tard en vérifiant quand même tes mails. Puis, le lendemain, tu recommences. Et tu as le sentiment de ne pas être un bon parent ni un bon conjoint, tu te sens un peu coupable. Ce n'est pas trop la vie que tu avais voulue, mais tu ne sais pas quoi faire. »

J'avais visé juste. À l'heure du déjeuner, mes anciens élèves m'avaient rejoint. Ils s'étaient retrouvés dans le carcan que j'avais décrit. Ils n'avaient objectivement aucune raison de se plaindre de leur vie : « Tout marche », me répétaient-ils. Or, c'est justement parce que « tout marche » qu'ils n'osaient plus toucher à rien, de crainte de perturber cet équilibre. Ils n'osaient surtout pas se questionner, s'interroger, se mettre en rapport avec leur désir, avec ce qu'ils voulaient vraiment, du fond de leur être.

Arthur, un fan de rock, avait laissé tomber son groupe de musique. Jeanne, dont l'imagination était autrefois débordante, avait remisé ses manuscrits et ses rêves de romancière au fond d'une malle rangée au grenier. La pétillante Mathilde, qui avait pourtant conjugué études commerciales et de biologie pour lancer sa propre marque de soins de beauté, s'ennuyait dans son entreprise de télécoms. Ils étaient tous dans une déconnexion fondamentale avec eux-mêmes. Leurs désirs étaient devenus tout petits, trop petits pour faire face au rouleau compresseur qui les écrasait insidieusement. Ils se laissaient abuser par la vie. Ils ne se disaient pas malheureux. Mais, sous ce rouleau, tu ne peux pas être heureux(se). Tu restes dans une sorte de grisaille, sur tes rails, ignorant ce que ton être désire pour te contenter de micro-excitations aussi éphémères que vite oubliées.

Mes anciens élèves avaient renoncé à désirer.

Ils étaient intrigués par ce mot « désir » que j'employais. Je leur avais répondu par une phrase de Spinoza : « Le désir, c'est s'efforcer de persévérer dans son être. » Notre être qui a fondamentalement le désir de toujours s'accomplir. Le désir dont je te parle n'est pas l'envie d'une glace au chocolat. Il n'est pas de l'ordre de la compulsion

– d'achats, de voyages, de vacances, de « zénitude ». À la différence du vrai désir, ces petits plaisirs-là ne nous nourrissent pas, ils ne nous font pas grandir, ils ne nous libèrent pas de l'aliénation.

Le vrai désir, lui, est toujours une transgression parce qu'il déchire les conventions. Il nous bouscule, nous déstabilise, nous sort de notre petit moi fermé pour nous ouvrir au monde. Il ne se décide pas. Quand le désir se révèle, il nous surprend. Il va toujours dans le sens d'un déploiement, d'une croissance de l'être. Il est la vie qui murmure dans notre cœur et que nous devrions prendre au moins la peine d'écouter.

Deux idéologies (et je pèse mes mots) nous ont amenés à nous couper de notre désir, donc à nous éteindre et, à partir de là, à être des victimes consentantes du rouleau compresseur des conventions :

– La première est l'erreur de Latran, du nom de ce concile de l'Église catholique qui s'est tenu en 1215 et a modifié les règles de la confession. Jusque-là, les fidèles confessaient au prêtre leurs actes et recevaient une « pénitence tarifée » selon la gravité de cet acte dont ils s'étaient rendus coupables – « j'ai tué », « j'ai volé », « j'ai menti »... Le concile de Latran a posé le principe de l'examen de conscience. Le pénitent a dès lors été tenu d'avouer non seulement ses fautes réelles, mais aussi ses intentions, ses « pensées coupables », c'est-à-dire ses désirs qui devenaient suspects. À ce moment, l'Occident a commencé à se méfier du désir.

– La seconde idéologie est la psychanalyse freudienne qui a pris le relais de Latran en ramenant tout désir à la libido, à la sexualité, une conception qui ampute le sens du désir et l'entoure d'une logique de méfiance et de défiance. Elle éteint les couleurs du désir, ses variétés, sa fraîcheur, elle le rend quelque part honteux.

Nous n'avions plus aucune chance de pouvoir travailler avec notre désir ni d'avoir envie de lui faire confiance.

En m'entendant, Jeanne pensa aussitôt aux romans inachevés qui dormaient dans son grenier. Je me souviens de son regard brusquement voilé : « J'ai deux enfants, je ne peux pas me permettre de quitter mon travail qui est bien payé… »

Elle m'avait mal compris. Oser écouter son désir ne signifie pas mettre immédiatement une croix sur sa vie telle qu'elle est. Cette voix que tu entends ne te donne pas l'ordre de tout détruire, mais elle te libère et te pousse, sans que tu ne t'en rendes forcément compte, à déployer tes antennes pour découvrir des possibilités nouvelles, d'autres manières de t'accomplir, plus en accord avec ton être. Peu à peu, cette voix saura prendre forme. La clé du bonheur n'est d'ailleurs pas de tout bousculer d'un coup, mais de me sentir prêt à écouter ce que je veux vraiment. À partir de là, j'ai une chance de pouvoir être en adéquation avec moi-même et de laisser la vie jaillir en moi.

Car le désir est un mouvement de vie qui te libère obligatoirement de ton carcan en t'amenant à croître, à déborder de ce carcan. Savoir ce que tu désires, quel est ton désir, est le travail de chaque jour. Et si tu t'arrêtais là, maintenant, tout de suite, pour t'interroger : qu'est-ce que tu désires, qu'est-ce qui te ferait vibrer aujourd'hui ?

Quand tu reconnais ton désir, tu cesses d'être enfermé(e) sur toi-même, sur ton « petit monde », et tu te mets enfin en rapport avec le monde, avec l'univers.

On est aux balbutiements d'une découverte essentielle : [...] qu'il y a un désir qui habite tout être humain ; qu'il a des potentialités que nous soutenons ou que nous « négativons ».

Françoise Dolto

25

Ne renonce pas à ta liberté

ÉCOUTE CE QUE TU VEUX

Tu es en face d'une montagne et l'envie te prend d'en gagner le sommet. Personne ne te l'interdit, et de surcroît ses pentes sont douces.

Tu peux, et c'est ce que l'on fait souvent dans la vie, rester planté(e) devant cette montagne en répétant : « Je veux aller au sommet. » Il ne se passe évidemment rien et tu vas chercher un coupable – le destin, le process, l'organisation, le ciel, le vent… Quand, plus tard, tu repars sans avoir entamé l'ascension, tu essayes de te justifier – je n'ai pas pu, je n'en avais pas les capacités, il y avait certainement des obstacles cachés, on ne m'a pas laissé(e)… Et tu en conserveras un remords.

Tu peux aussi, et heureusement que nous le faisons parfois, dire un vrai, un profond « je veux » et, à partir de là, examiner les différents chemins possibles, en choisir un, et te mettre en route jusqu'au sommet.

La logique la plus élémentaire voudrait que nous options systématiquement, et en toutes circonstances, pour la deuxième solution et que nous entamions notre marche. Mais nous ne le faisons pas. Non pas par bêtise, mais parce que nous avons été formatés pour opter pour la première solution, même si elle se traduit pourtant par un désespérant immobilisme qui finit, à la longue, par nous couper les ailes et nous plomber.

Nous sommes en effet pris en tenailles entre les deux seules alternatives que l'on nous présente depuis le jour où nous effectuons notre premier pas – un certain nombre de sagesses, de philosophies, de religions abondent d'ailleurs dans le même sens, nous confortant dans cette perspective étriquée :

– La première est le poids du déterminisme que l'on peut aussi appeler le fatalisme, ou encore l'engrenage des causalités : il en est ainsi parce que c'était écrit, parce que c'est une conséquence logique, parce que c'est un enchaînement de circonstances, parce que nous ne pouvons rien bousculer, rien changer. En somme, face à la montagne, le plus simple est de baisser les bras – et de mettre une croix sur son désir.

– La seconde alternative est l'érection de la volonté en religion : « Je veux donc je peux. » Comme s'il suffisait de vouloir ne plus être angoissé pour cesser de l'être, ou de vouloir dormir pour s'endormir… Quelle illusion ! De fait, « je veux » mais je ne fais rien et j'en déduis, une fois de plus, que je ne dispose d'aucune marge de manœuvre, d'aucune liberté dans ma vie.

J'en ai fait l'expérience il n'y a pas si longtemps. C'était en avril 2021 et je devais écrire un texte à lire lors des funérailles de François Fédier qui fut mon professeur de philosophie. Durant les trois premiers jours, je me répétais comme un mantra : « Je veux écrire ce texte aujourd'hui. » Mais j'étais submergé de chagrin et, face à mon ordinateur, incapable de résumer trente ans d'enseignement, de compagnonnage et d'amitié. Mes « je veux » demeuraient lettre morte parce qu'ils restaient de l'ordre de l'intention, de l'abstraction – comme le sont toutes les déclarations velléitaires qui ne sont pas suivies d'une intention concrète d'agir. Je ne les laissais pas se nourrir de mon vécu, de ma vie, de mon désir, du monde, de la terre, des arbres, des fleurs, des gens. Ils n'étaient pas enracinés. Ils ne parvenaient pas à prendre forme. J'étais à deux doigts de baisser les bras, de céder au fatalisme.

J'étais dans cet état d'esprit quand je me suis rendu à un rendez-vous. J'étais arrivé en avance, je m'étais installé à une table en terrasse et j'attendais. J'étais provisoirement sorti de la logique du « je veux » : je ne comptais pas écrire tout de suite ce texte, mais je restais fidèle à mon objectif. Puis, à un moment, tandis que j'observais les passants, quelque chose a surgi dans mon esprit. Je ne saurais dire s'il s'agissait d'une émotion ou d'une idée, c'était en tout cas une brèche qui s'était créée. Je suis resté à son écoute, à l'écoute de ce que je ressentais et j'ai sorti mon calepin. Pas après pas, j'ai trouvé le chemin par lequel ma volonté d'écrire le texte allait s'incarner.

Le soir même, tandis que je finalisais le texte devant mon ordinateur, une phrase de Dogen, le fondateur du bouddhisme zen, m'est revenue : « Ta petite volonté ne peut rien faire seule, il faut la grande détermination. La grande détermination veut dire qu'il n'y a pas que toi qui fais l'effort. Au contraire, l'univers entier est avec toi et derrière toi, les oiseaux, les arbres, le ciel, la lune, et chacune des dix directions. » C'était si vrai... Les mots me venaient presque seuls, le réel m'aidait, m'accompagnait, et je le suivais librement.

Dans chaque situation, face à n'importe quelle montagne, tu n'es jamais enchaîné(e) : il existe forcément un petit espace de liberté, parfois minuscule, mais qui te signifie toujours ta capacité de commencer, d'agir, d'avancer. Tu repères ce petit espace dès que tu acceptes de te détacher du pseudo-pouvoir des « je veux », d'effectuer un pas de côté et d'observer la situation sans vouloir être dans un contrôle crispé – l'attitude que nous avons appris à avoir. Lève-toi, dégourdis-toi l'esprit ! Décide d'une courte promenade ou d'une séance de rangement pour te changer les idées. Sors des abysses de ton individualité, ouvre-toi à ce qui est, laisse les dix directions de Dogen te travailler.

Nietzsche ne nous dit pas autre chose : « La volonté ne veut vraiment qu'à la condition de se rendre disponible à la rencontre. » Elle possède une forme d'innocence, de spontanéité que nous lui dénions. Pour que ta volonté agisse, il ne suffit pas que tu le décides tout(e) seul(e), dans ton for intérieur illusoire. Car la volonté incarnée, la volonté heureuse, agissante, n'est pas une entité aveugle, obsédée par son but, mais un mouvement qui s'appuie sur le réel, la rencontre, le « faire ». Elle ne cherche pas le but, mais la route pour l'atteindre. Allie-toi avec le but pour trouver cette route, sors de ta prison au lieu de l'emprisonner dans tes pensées, regarde, écoute, prends conseil, habite ton vouloir plutôt que de le jauger de loin, comme un adversaire.

La volonté est volonté de commencement. Le chemin jusqu'au sommet de la montagne ne s'ouvrira pas devant toi uniquement parce que tu le veux, mais parce que tu décides de mettre ta volonté en marche. Tu vois ? Tu es bien vivant(e)…

***

L'ART D'ÊTRE UNE MONTGOLFIÈRE

Tant que tu as le nez sur le guidon, tu ne vois que le guidon et tu perds la possibilité de recueillir n'importe quelle information pour t'orienter correctement.

Vouloir ne consiste pas à pédaler aveuglément mais s'autoriser à adopter la légèreté d'une montgolfière qui va s'élever lentement et élargir ton horizon.

– Tu es stressé(e), débordé(e), tu ne sais pas comment t'en sortir ? Lâche tout et va te promener 10 minutes, 15 minutes, 30 minutes s'il le faut. Ou bien va à la machine à café bavarder avec des collègues. Ou encore, lâche le rangement qui te stresse et occupe-toi plutôt d'arroser tes plantes.

Tu as offert une bouffée d'oxygène à ton cerveau. Il peut recommencer à travailler.

Bien sûr elle savait qu'un lion n'est pas bleu mais le bleu est sa couleur préférée.

Gertrude Stein

26

Ne te laisse pas écraser

Libère-toi de la logique de la domination

L'expérimentation que je vais te raconter a été menée par une chercheuse américaine, Charisse Nixon, qui consacre ses travaux aux maltraitances insidieuses et aux dommages qu'elles infligent à leurs victimes. Également professeure de psychologie à l'université Penn State Behrend, en Pennsylvanie, elle a transformé ses étudiants en cobayes – durant quelques minutes. Cette expérience, très parlante, est aussi très courte.

Charisse Nixon a arbitrairement divisé sa classe en deux groupes, les étudiants installés à droite formant le premier groupe, et les autres le second. Elle a ensuite distribué aux étudiants leur travail : trois anagrammes à résoudre successivement. Ce qu'ils ne savaient pas, c'est que les deux groupes n'avaient pas reçu les mêmes anagrammes. Le premier avait eu droit à trois anagrammes simples, le second à deux anagrammes insolubles et une troisième identique à celle donnée au premier groupe.

La règle était simple : au signal de départ, les étudiants devaient résoudre la première anagramme et lever la main dès qu'ils avaient la solution. À droite, les mains se sont très vite levées ; à gauche, aucune main ne s'est levée. Le scénario s'est répété pour la deuxième anagramme. À la troisième, pourtant identique pour les deux groupes, toutes les mains de droite se sont levées, alors que seulement quatre étudiants avaient réussi à le résoudre dans le groupe de gauche où toutes les mines étaient déconfites.

Charisse Nixon leur en a tout de suite donné l'explication, ajoutant : « En moins de 5 minutes, vous venez de faire l'expérience de l'impuissance apprise », appelée aussi la résignation acquise. Ses conséquences se décryptent aisément : les étudiants confrontés aux deux premiers casse-tête insolubles se sont sentis « stupides », « confus » ou « frustrés » pour reprendre leurs termes. Au troisième, ils avaient baissé les bras : « Je n'avais plus confiance en moi », a résumé l'un d'eux.

Le concept de l'impuissance apprise a été détecté dans les années 1960 par un autre psychologue américain, Martin Seligman. Au fil de plusieurs études et expérimentations, il avait démontré que, mis en situation d'échec de manière répétitive, l'individu s'enfonce dans la résignation, fait montre parfois d'agressivité, mais il ne discerne plus les moments où il peut reprendre le contrôle de la situation. Il souffre alors, écrivait-il, d'un déficit motivationnel, c'est-à-dire qu'il n'émet plus de réponses volontaires. Il baisse les bras et se laisse complètement écraser, tous les secteurs de la vie étant assez vite envahis par cette démotivation. Cette analyse est libératrice : on échoue souvent non par incompétence, maladresse ou idiotie, mais juste parce qu'on a été écrasé. Pour réussir, il suffit alors de repérer ce mécanisme qui nous a écrasés, généralement sur la durée.

Nos anagrammes insolvables sont encore plus redoutables parce qu'elles sont insidieuses. Elles n'ont pas d'identité : il ne s'agit pas de mon patron, de ma collègue, de mon conjoint qui m'écrasent et face auxquels je peux me révolter ou me défendre. Elles appartiennent à une nébuleuse : les normes, les protocoles, les mécanismes sociaux qui participent de la logique de domination, celle du pouvoir et du management qui s'exerce dans toutes les sphères de notre vie, y compris personnelle. Elles nous instrumentalisent, nous déshumanisent, nous conduisent au bout du rouleau, là où, perdus, nous prenons le relais pour continuer à nous autodétruire : « c'est de ma faute », « je ne suis pas capable », « j'ai un problème psychologique ».

Cette logique mérite d'être décryptée. Elle repose sur un certain nombre de pièges :

– Le premier piège se prétend rassurant. En effet, nous sommes certes aujourd'hui protégés par des lois, par un droit du travail, de la famille. Nous imaginons en avoir fini avec l'ère du servage, quand le seigneur médiéval disposait librement de ses serfs, quand les bâtisseurs des pyramides d'Égypte ou de la muraille de Chine ne comptaient plus le nombre d'ouvriers qui mouraient à la tâche, sauf pour les remplacer. Or, nous restons les serfs de cette nébuleuse.

– Le deuxième piège est supposé porter la marque de la rationalité. Il est l'efficacité mesurable. Tu es sans cesse jugé sur des objectifs présentés comme mathématiques, donc indiscutables. Ils sont tout aussi inatteignables que les anagrammes de Charisse Nixon étaient insolvables, mais peu importe puisqu'on te dit que tu peux faire mieux ! Ceci entretient en toi une insécurité fondamentale qui a raison de ton bonheur, voire du moindre élan de vie en toi. Et pour cause : tu es dans une précarisation constante, toujours jugé(e), toujours sous la menace d'être sanctionné(e).

– Le troisième piège est concomitant de l'injonction de la performance. Tu dois non seulement être à la hauteur, mais de surcroît toujours souriant(e), efficient(e), épanoui(e), au meilleur de ta forme. Tu es même vivement encouragé(e) à devenir l'acteur ou l'actrice de ton développement personnel. Si tu n'y parviens pas, il est évident, au regard de cette logique, qu'il s'agit là d'un échec individuel. Tu es coupable, responsable. Tu ne réalises plus qu'en réalité, tu es entièrement victime.

Et, quoi que tu fasses, tu te sens en deçà des exigences que le système a pour toi. Tu ne vois plus que le système exagère, qu'il est irrationnel, alors qu'il t'est présenté comme indiscutable, intelligent, mesurable.

Le philosophe Michel Foucault avait résumé cette situation en une phrase : « Nous croyons que le pouvoir, c'est simplement nous dire ce qu'on ne doit pas. Mais en réalité ce n'est pas vrai : le pouvoir repose sur un ensemble de techniques et de procédés qui se sont développés et que les êtres humains ont intégrés de leur plein gré, sans se rendre compte de ce à quoi ils renonçaient. » Tu n'es pas coupable : tu t'es fait piéger par des mécanismes insidieux qui te poussent à croire que tu es démuni(e).

Face à cette nébuleuse, tu n'es cependant pas sans ressources. Tu peux en triompher et, pour cela, mets-toi tout de suite en chemin :

1. Cesse d'attribuer tes échecs et tes difficultés à des causes internes et analyse les faits, les lieux, les moments par où le système agit. Décris

objectivement la pression que tu subis pour la dépsychologiser, c'est-à-dire pour arrêter de te sentir coupable. Si Charisse Nixon n'avait pas donné la clé de la situation à ses étudiants, plutôt que de s'en aller dans le remords et la tristesse, ceux qui ont « échoué » auraient mieux fait d'en parler avec leurs camarades. Ils auraient très vite compris qu'ils n'étaient pas en cause, mais que le système avait dérapé.

2. Ouvre-toi aux autres. Tu es bloqué(e) parce que tu crois que tu ne peux plus rien faire. Échanger avec les autres, qui sont, ne l'oublie pas, dans la même situation que toi, même s'ils l'expriment différemment, est un premier pas. S'il le faut, organisez-vous pour réagir ensemble. Plus tu t'isoles, plus tu iras vers le mal-être, voire le burnout.

3. Mets-toi en action. Vois par quels moyens tu peux agir pour t'opposer à ce qui t'oppresse et te défendre. L'un des ressorts de l'écrasement est ta bonne volonté : tu veux trop bien faire, en intégrant toutes les demandes qui te sont adressées, et tu alimentes ainsi le mécanisme de l'emprisonnement. Parfois une expérience de libération implique une lutte en commun...

Chaque fois que tu te sens écrasé(e), que tu perds confiance, demande-toi si tu n'es pas victime de l'impuissance apprise. Tu te croyais perdu(e), incapable ; tu étais victime d'un piège. Quel soulagement ! D'un seul coup s'ouvrent toutes grandes les portes et les fenêtres des possibles !

Pour que les hommes, tant qu'ils sont des hommes, se laissent assujettir, il faut de deux choses l'une : ou qu'ils y soient contraints, ou qu'ils soient trompés.

La Boétie

27

N'anesthésie pas la souffrance

TRANSFORME-LA

Quand tu poses malencontreusement ta main sur une plaque chauffante, tu as mal et tu la retires aussitôt pour panser ta plaie. La souffrance a tenu son rôle : elle t'a alerté(e), tu l'as écoutée, elle t'a poussé(e) à agir.

Quand tu es triste, angoissé(e), énervé(e), tu souffres aussi et ta souffrance est là pour t'alerter. Mais celle-là, tu ne l'écoutes pas, tu ne t'intéresses pas à ce qu'elle a à te dire. Ce n'est pas étonnant : nous avons été formatés dans ce sens. Un enfant qui pleure n'est jamais interrogé sur ce qu'il ressent, mais sur le pourquoi de ses pleurs, sur leur cause – étant entendu que toute émotion doit avoir une cause valable. On le compare ensuite à sa sœur qui, elle, est sage et ne pleure pas, ne dérange pas les autres par des manifestations intempestives et inutiles.

Devenu adolescent, cet enfant a déjà compris qu'il doit verrouiller ses émotions, ne pas avoir mal, peur, pleurer, être triste, être inquiet. Il découvre également les subtilités d'une croyance manichéenne qui partage les émotions entre « bonnes » et « mauvaises », « positives » et « négatives », les « mauvaises » n'ayant pas le droit d'exister. Et il passe le restant de son existence à les fuir, à essayer de les refouler, ou du moins de les dissimuler : la vie en société ne les autorise pas.

Peu à peu, en devenant adulte, il apprend la dissociation : il se coupe de ce qu'il ressent, de ce qu'il éprouve. Et il en est félicité puisque nous confondons la sagesse avec cette dissociation. À vrai dire, dans ces conditions, je dois avouer que je n'ai jamais rencontré, ni dans les livres ni sur mon chemin, un sage authentique qui aurait acquis la capacité d'être indifférent à tout, y compris à la souffrance. J'ai néanmoins vécu un certain temps dans cette illusion, quand je croyais moi aussi que ma souffrance, liée à mon hypersensibilité, était un handicap. Je me pensais faible, j'essayais de la chasser, je la taisais. Je ne réalisais pas que par cet évitement émotionnel, je me coupais de moi-même et je passais à côté d'un message qui valait pourtant la peine d'être entendu et écouté. Je croyais fuir ainsi mes difficultés. En réalité, je leur érigeais un autel où elles pouvaient s'épanouir – à mon détriment.

Ce matin, tu as reçu une mauvaise nouvelle. Tu en as déduit que tu ne seras jamais heureux(se)

– comme si le bonheur était l'absence de souffrances, de difficultés, d'accidents de la vie, alors qu'il réside en réalité dans l'apprentissage à faire face aux difficultés de la vie, ces moments de reconstruction, de croissance authentique.

Là, tu es face à deux options :

– La première, la plus habituelle, consiste à rejeter l'émotion que tu ressens, à ne pas la laisser vivre. Tu fais semblant qu'elle n'existe pas et tu t'emmures, te coupant ainsi de toi, de la vie en toi. Tu te félicites peut-être d'avoir maîtrisé cette émotion, d'avoir avancé sur la voie de la « sagesse », alors que tu l'as simplement figée, bloquée. Ce n'est pas en niant la souffrance que tu l'exorcises : l'évitement émotionnel ne marche pas et ne conduit qu'à bloquer le processus de cicatrisation, de transformation, de mutation.

– La seconde option consiste à reconnaître que oui, tu es triste, angoissé(e). Il ne s'agit pas de te complaire dans la souffrance, mais de ne pas la nier : elle n'est pas une honte, elle n'est pas un échec. À toi maintenant d'en faire bon usage en l'embrassant, une condition indispensable pour entamer sa transformation et bientôt passer à autre chose.

Quand on embrasse quelqu'un, il y a toujours dans ce geste de la douceur, de la tendresse, de l'attente, du respect. Embrasser est le signe d'une rencontre, le prélude à un échange qui sera peut-être très bref, parfois plus long. L'échange avec ta souffrance peut être lui aussi très bref : tu lui dis bonjour, tu l'accueilles, tu pleures ou tu te mets en colère si tu en ressens le besoin, tu la traverses et tu la laisses te traverser, tu acceptes de ne pas la contrôler, tu l'écoutes, tu entends ce qu'elle a à te dire. Parfois, tu jugeras qu'elle n'en vaut pas la peine et tu la laisseras repartir. Mais tu l'as d'abord reconnue...

Je t'ai raconté combien la sempiternelle question de mon père, « Es-tu heureux ? », me met mal à l'aise. Je ne t'en ai pas encore expliqué les raisons. Il y a quelques jours, un ami m'a posé cette même question et je me suis retrouvé dans la même incapacité de répondre. Dans ma tête, tous les clichés du bonheur ont défilé : être heureux serait ne pas avoir de peurs, de chagrins, de tristesse, ne pas avoir mal. Mais ceci n'est pas ma vie – et je n'en ai fondamentalement pas envie. Je ne me considère pas pour autant malheureux...

Je souhaite que mon cœur s'ouvre au monde. Je veux qu'il continue à me toucher. Je suis prêt à partager ses souffrances, mais aussi ses joies. Je ne peux pas imaginer être heureux seul dans ma tour d'ivoire. Je suis heureux d'être humain, d'avoir la capacité de pleurer et de me réjouir avec mes amis, de sentir, par mes larmes et mes rires, que je suis touché. J'ai besoin, pour être heureux, d'être en lien avec le monde. Je ne connais pas d'émotions « positives » et d'autres « négatives » ; je ne connais que les émotions qui sont une nécessité pour se sentir en vie – quand bien même certaines sont plus désagréables que d'autres. Croire que l'on peut être heureux en niant ces expériences, toutes les expériences, y compris celles que l'on qualifie de négatives, nous empoisonne et nous empêche d'être heureux.

Je pleure parce que je sais aussi rire, me réjouir, m'énerver, me délecter, ressentir toute la gamme des émotions qui nous font vibrer. Je ne serais pas heureux si j'étais anesthésié. Si tu n'as pas la capacité de pleurer, tu n'auras pas celle d'être heureux(se), vraiment, profondément heureux(se).

Cesse de fuir à chaque difficulté que tu rencontres. Au contraire, arrête-toi, accorde-lui l'attention qu'elle demande, puis la tendresse qu'elle attend pour se transformer. Quand un enfant a un gros chagrin, nous ne lui tournons pas le dos : nous le prenons dans nos bras et souvent notre présence accueillante suffit à le réconforter et le voici déjà apaisé.

Ce qui en toi est blessé et attend avec patience que tu t'approches de lui et l'apaise. C'est le miracle de la vie : nos blessures nous apprennent le chemin de leur propre guérison pour peu que nous nous approchions d'elles avec suffisamment d'attention.

N'oublie jamais que le jour succède toujours à la nuit...

***

2 MINUTES DE MÉDITATION POUR DEVENIR SON PROPRE GUÉRISSEUR

Une émotion t'embarrasse, te gêne, te tracasse. Prends un moment pour simplement reconnaître ce qui se passe là, en ce moment, en toi.

Laisse tomber le scénario, les pourquoi, les comment, les ce que je devrais faire qui tournent en boucle dans ta tête. Reviens à ton émotion et à la manière dont tu la ressens dans ton corps.

Assieds-toi – ou reste debout si tu le préfères.

Tu ressens l'émotion quelque part dans ton corps. Où est-elle ? Dans ton ventre, dans ta poitrine, dans ton cœur, dans ta mâchoire ? Repère-la.

Tu l'as reconnue dans ton corps ? Observe-la. Est-elle piquante ? Te brûle-t-elle ? T'étouffe-t-elle ? Définis la sensation que tu éprouves.

Parle à cette émotion. Demande-lui de quoi elle aurait besoin pour se transformer, s'apaiser. De la douceur, de la tendresse, du respect ? Sa réponse peut prendre la forme d'une image, d'une couleur, d'un mot.

Réponds à cette demande, donne à cette émotion ce qu'elle te réclame.

Deviens ainsi ton propre guérisseur.

La vie qui est « ainsi », depuis toujours, et tout en fait partie au même titre. Les souffrances, les séparations et les nostalgies. Il faut savoir la prendre dans son ensemble, sans rien en omettre et trouver un sens et une beauté dans tout ce qu'elle présente. C'est, du moins, ce que moi je fais.

Rosa Luxembourg

28

Oublie le prince charmant

TROUVE L'AMOUR

Au fil des pages qui ont précédé, je sais que je n'ai pas toujours été conciliant avec toi. Je t'ai enjoint d'oser être heureux(se) et, pour y parvenir, de trouver le courage de sortir des chemins convenus, des normes pesantes qui te cantonnent dans une tiédeur qui ne te ressemble pas. Je t'ai demandé d'écouter la puissance du désir qui peut t'emporter jusqu'aux sommets du bonheur, de ne pas avoir peur de t'enflammer, d'être enfin toi-même et de t'aimer comme tu es.

Ai-je suffisamment insisté sur un point qui me paraît essentiel ? Pour être heureux(se), il te faut aussi consentir à pardonner à la réalité les imperfections et les limites qui lui sont inhérentes. Car, et cela je ne te l'ai pas encore dit : le prince charmant n'existe pas.

Ce prince dont je vais te parler n'est pas seulement le beau chevalier ou la belle cavalière qui arrivent au galop sur son cheval blanc. Il est aussi cet idéal que tu recherches dans tous les moments de ta vie, mais que tu ne trouves pas partout : le boulot idéal, la maison idéale, les vacances idéales, l'enfant idéal, l'ami(e) idéal(e), la compagne ou le compagnon estampillé(e), lui ou elle aussi, zéro défaut. Tu lorgnes du côté du mari de Julie ou de la femme de Pierre, du travail d'André et des enfants de Marie et tu te dis que tu n'as pas de chance : ce que tu as, toi, est incomplet et boiteux. Ah ! si seulement tu avais la même chose qu'eux ! Tu saurais enfin ce qu'est le bonheur, ce qu'est l'amour !

Tu vas me pardonner ma brutalité, mais ce discours-là, je l'ai entendu trop de fois. Je ne vais pas y aller par quatre chemins : tu es en train de te laisser égarer dans la grande illusion, dans une projection abstraite, théorique qui a pour nom l'accaparement et qui t'amène à mépriser tout ce qui appartient à la réalité. Tu dénigres ton présent que tu juges décevant, sans intérêt : ton conjoint qui s'endort devant la télé et laisse traîner ses chaussettes, tes enfants qui n'en font qu'à leur tête alors que ceux d'Élodie passent les concours des grandes écoles, tes amis qui ne sont pas aussi disponibles que tu le voudrais, ton travail qui est beaucoup plus exigeant ou beaucoup plus répétitif que ce que tu espérais. Je t'entends répéter : « je méritais mieux », « je n'ai pas de chance »...

C'est vrai, ton présent est loin des images du film qui tourne en boucle dans ta tête, où tout est lisse, sans problèmes, sans aspérités. Tu préfères ne pas le regarder et te projeter dans le bonheur que tu imagines pour demain, celui que tu éprouveras quand adviendra telle ou telle chose – quand tu changeras de travail, quand tes enfants auront grandi, quand ta compagne ou ton compagnon te comprendra enfin.

Tu te noies dans les « si » et, entre-temps, tu vis dans la frustration, dans la souffrance. Sache que même quand tu atteindras l'un de tes objectifs, à supposer qu'il soit atteignable, tu ne toucheras pas au bonheur parce que tu continueras à tendre vers le Graal. À t'emmurer dans la logique de l'insatisfaction qui aveugle.

Je vais te le dire encore plus crûment : la source de ta souffrance n'est pas ce présent imparfait que tu méprises, mais ton ignorance de ce présent que tu dénies. À force de lui tourner le dos, tu as développé en toi une amertume qui s'étend et te ronge. Tu attends de tout avoir pour toucher le bonheur ? Mais voyons ! Tu n'auras jamais tout, ton monde ne sera jamais parfait. Il est temps que tu changes d'attitude.

Peu importe que tu acceptes ou non ton présent : cela ne changera en rien sa donne. Dans ses grandes lignes, il est tel qu'il est. En revanche, je vais te demander d'effectuer un pas de côté : pour une fois, cesse de juger ce présent et consens à entrer en rapport avec lui, un vrai rapport qui ne soit pas sous-tendu par le mépris mais par l'amour.

Commence par voir ce que tu as – au lieu de voir uniquement ce que tu n'as pas. Par exemple, tu as ton fils, et il n'est pas parfait : ses résultats scolaires sont très moyens, il ne te donne pas un coup de main à la maison et tu le préférerais plus souriant. Tu ne te dis pas pour autant : « Je l'aimerais si seulement il était parfait. » Tu as tenté, en vain, l'énervement et les punitions pour redresser la barre. Mais où en sont vos liens ?

Le secret du bonheur réside dans ta capacité à retisser les liens rompus avec ton présent, à renouer alliance avec ta vie parce qu'elle est le terreau dans lequel de petits princes charmants sont là, prêts à pousser, à se déployer. Il est temps pour toi d'habiter ta vie, c'est-à-dire de l'aimer. Cet amour-là ne signifie pas une acceptation de ses imperfections : il est au-delà du jugement de valeur de ce qui est parfait et de ce qui ne l'est pas. Il est au-delà du simple sentiment. L'amour dont je te parle est un mode de connaissance qui jette une lumière nouvelle sur ce que tu aimes et te permet de le découvrir autrement en te libérant des illusions qui t'emprisonnent. Il est une ouverture tendre et profonde, l'amorce d'un mouvement puissant qui te transforme et transforme ta vie.

En reconnaissant que tu aimes ton fils comme il est, non pas malgré ses défauts mais avec ses défauts, tu es déjà en rapport avec lui et tu as ouvert l'espace de métamorphose. Mets de côté ton orgueil et laisse-toi traverser par le mouvement de la vie. Renonce aux revendications illusoires qui te parasitent et reviens sur Terre : quand on consent à la réalité, notre monde se révèle porteur d'enchantements. Autorise-le à remplir ton cœur.

Tu es heureux(se) parce que tu aimes…

J'aime, je veux que ce qui est aimé soit ce qu'il est.

Saint Augustin

Et vous,
quand avez-vous été heureux ?

Je donnais un cours en ligne devant 1 500 participants. Nous parlions du bonheur quand, sans trop leur laisser le temps de réfléchir, j'ai demandé à ceux qui m'écoutaient de partager en direct, sur le chat du cours, un moment récent où ils ont été heureux. J'ai été étonné par la quantité et par la qualité des réponses reçues. Je te laisse les découvrir, avec l'émotion qui a été la mienne. Elles sont un parfait éclairage de tout ce que je t'ai présenté dans les pages qui précèdent.

Et toi, de quel moment de bonheur as-tu envie de me parler ?

• Un concert où les gens sur scène étaient très libres, et les gens du public aussi. Ça m'a fait un bien fou.

Tout ce qui nous empêche d'être heureux...

• Une promenade en forêt sous un beau soleil d'automne et ce même si je m'étais fait mal aux pieds.

• En montagne lors d'une randonnée. Le plaisir de sentir le soleil sur ma peau, le bonheur de voir des paysages grandioses.

• Hier après-midi, promenade en voiture sur une petite route inconnue... au hasard... et arrivée à un point de vue au-dessus de l'Esterel avec les couleurs très belles grâce au temps couvert.

• Balade dans les bois et je suis tombée nez à nez avec un chevreuil trop occupé à manger pour remarquer ma présence.

• Quand je peins mon bouquet de roses à l'aquarelle, je suis à la fois pleinement là et tellement bien.

• Sur mon vélo dans le Haut-Jura au bord d'un lac sur lequel flottait la brume. Je me suis senti profondément à ma place, au bon endroit du monde !

• Lorsque j'ai entendu le silence du matin à 5 heures puis les premiers chants d'oiseaux.

Et vous, quand avez-vous été heureux ?

• Je venais de rentrer d'un séjour à l'hôpital et j'ai pris le temps de caresser mes chats.

• Je me suis sentie heureuse quand ma fille m'a prise dans les bras avec douceur.

• Lorsque j'ai été avec mon fils m'asseoir au bord de l'eau. On a mis les pieds dans l'eau en se tenant la main, jetant des cailloux dans la mer et regardant le ciel. Je me suis imprégnée de l'amour du moment présent, j'ai lâché tout mon stress et toutes les choses à faire quelques instants.

• Je me suis sentie heureuse quand j'ai observé un pivert de ma terrasse.

• En répétition au théâtre, quand après m'être planté dans mon texte, je me suis foutu la paix, j'ai recommencé comme à zéro et que c'est reparti tout seul et que ça sonnait juste.

• J'ai trouvé dans mon jardin hier une belle fraise que j'ai regardée, cueillie, sentie et mangée.

• Dans le groupe « Retrouvons-nous » vendredi dernier. Le fait d'être assise et de pratiquer tous ensemble.

• La première rencontre avec notre premier petit-fils.

• Quand j'ai revu une amie pas vue depuis trois ans, avec qui on correspond, on s'appelle, mais être en présence l'une de l'autre, une vraie joie partagée.

• J'étais seule à Bruxelles et j'ai pris le train pour rentrer chez moi. À cause de divers problèmes de santé, je n'en étais plus capable depuis de nombreuses années alors qu'en fait je suis quelqu'un de très autonome, qui a toujours aimé voyager. Là, en attendant le train, j'étais submergée par un profond sentiment de bonheur en me disant : « Bravo ma fille, tu y es arrivée, *you are back in the game* ! »

• Très tôt le matin. Petite balade dans les bois. Il faisait un peu frais, et humide, il n'y avait personne. Un renard s'est présenté devant moi et nous nous sommes regardés un instant. Pourquoi se sent-on exister si intensément lorsqu'un animal sauvage nous voit ?

• Beaucoup de moments heureux me viennent, mais je suis très surprise par le surgissement du souvenir des funérailles récentes de ma mère, j'y ai été tellement bien entourée, j'ai reçu tellement d'amour que mon cerveau semble en avoir fait un moment heureux.

• En plaisantant en aparté lors d'une réunion de chantier (je suis architecte) avec certains membres de l'équipe qui fait les travaux de mon chantier. On se taquinait et il y avait une forme de complicité et de cohésion d'équipe.

• Je me suis sentie heureuse (soulagée/alignée) quand j'ai enfin pu prendre une décision tranchée sur une situation que je ruminais depuis des mois.

• Je pleure devant ma femme et elle accueille mon émotion avec empathie.

• Avec ma petite fille de deux ans endormie dans mes bras.

• En fait, je m'aperçois qu'il y a eu plein de moments, je n'avais pas réalisé la somme totale, me promener avec mon homme au bord de la plage, contempler des paysages magnifiques près de Chinon…

• Rencontre fortuite avec une libellule venue dans mon salon lors de ma pause de midi en télétravail. Une rencontre improbable qui m'a mis du baume au cœur et m'a remise dans l'instant présent alors que j'étais très stressée par mon travail et que je me mettais une pression énorme...

• Lorsque ma petite-fille m'a dit : « Regarde mamie, les arbres, ils sont dans l'eau, ils vont se noyer. »

• Un dialogue profond avec une amie sur un sujet qui me préoccupait, avec une réelle écoute. Nous n'avons pas vu le temps passer jusqu'à 1 heure du matin !

• J'ai été heureuse en faisant du coulis de tomates à la maison avec mon fils, sa compagne et mon mari. Je n'avais plus aucune pression ni exigence, nous avons pu travailler en parfaite harmonie alors que normalement la cuisine pour moi est un endroit où je suis très (trop) exigeante avec moi-même. Parce que j'ai réussi à me foutre la paix, ce fut merveilleux !

• Lorsque j'ai compris que mon chat était un vieux chat avec ses difficultés de vieux chat, j'ai pu le rencontrer à nouveau, et accepter ses miaulements.

• Avec une amie on s'est fait des confidences très intimes.

• Je voulais coucher « rapidement » mes petits-enfants de quatre ans après une journée déjà bien chargée. Je m'allonge au milieu d'eux pour raconter l'histoire, ils posent chacun, chacune sa tête contre moi. Je réalise que c'est un moment précieux, je savoure, je me pose et je ressens, nous ressentons un bonheur, un amour partagé immense qu'il, qu'elle formulent : « Je t'aime, Grand-maman ! »

• Voir mon fils qui sort d'hospitalisation pour dépression grave se rouvrir à la vie et tomber amoureux.

Remerciements

À Djénane Kareh Tager, dont l'amitié me garde, malgré les inévitables tempêtes de la vie, dans un lieu sûr qu'elle sait rendre, chaque fois, et presque miraculeusement, fécond. Ce livre en est un des fruits…

À Guillaume Robert, mon éditeur, qui m'accompagne dans une aventure dont, avec détermination et ferveur, il prend sa part devenant ainsi, de livre en livre, un véritable compagnon de voyage.

À Susanna Lea, pour notre connivence pleine de tendresse.

À Sophie de Closets qui sait du plus profond de son être ce que veut dire être éditrice.

À Anne Blondat, Marie Nardot, Sophie Raue, Claire Le Menn, qui chez Flammarion prennent soin de chacun de mes livres.

À Élise Boulay avec qui j'ai tant de bonheur à travailler et dessiner des chemins féconds.

À Hadrien France-Lanord avec qui je peux à chaque fois reprendre l'exercice de la pensée dans son questionnement vertigineux et chaque fois si rassérénant de clarté.

À Alain Gaffinel, l'ami magnifique toujours présent à mes côtés.

À Jérôme Banctel, exemple de la plus heureuse probité qui, en joignant intensité et délicatesse, permet d'entrer dans un monde poétique et merveilleux.

À Patrick Lemoine, qui veille avec clarté et bonté.

À Massimilano Sena qui a un cœur noble et généreux et un talent qui touche jusqu'aux larmes.

À tous ceux qui suivent mes cours, et qui par leurs questions, leur désarroi parfois, m'invitent à me remettre au travail, à questionner ce qui semblait à tort évident, à tenter de dessiner d'autres chemins. Ce livre leur doit tant…

À Clément qui garde sauf le plus essentiel et le plus précieux.

Si vous voulez rester en lien avec moi,
rendez-vous sur mon site

https://www.fabricemidal.com

Vous pourrez y trouver des ressources, mon agenda, mes cours en ligne, des nouvelles de ma chaîne YouTube et vous pourrez aussi vous inscrire à ma newsletter…

Du même auteur

Foutez-vous la paix !, Flammarion|Versilio, 2017.
Sauvez votre peau !, Flammarion|Versilio, 2018.
Traité de morale pour triompher des emmerdes, Flammarion|Versilio, 2019.
Narcisse n'est pas égoïste, Flammarion|Versilio, 2019.
3 minutes de philosophie pour redevenir humain, Flammarion|Versilio, 2020.
Comment rester serein quand tout s'effondre, Flammarion|Versilio, 2020.
Suis-je hypersensible ?, Flammarion|Versilio, 2021.
Suis-je hypersensible ?, Le cahier pratique, avec Nathalie Latrille, Flammarion|Versilio, 2021.
Les 5 portes, Flammarion|Versilio, 2022.
La Méthode Foutez-vous la paix !, Flammarion|Versilio, 2022.

Philosophie

Comment la philosophie peut nous sauver, Flammarion, 2015 (Pocket, 2016).

La Tendresse du monde, l'art d'être vulnérable, Flammarion, 2013.

Auschwitz, l'impossible regard, Seuil, 2012.

Conférences de Tokyo. Martin Heidegger et la pensée bouddhique, Cerf, 2012.

L'Amour à découvert, retrouvez une manière authentique d'aimer, Le Livre de poche, 2012 (paru en 2009 sous le titre *Et si de l'amour on ne savait rien ?*, Albin Michel).

La Voie du chevalier, Payot, 2009.

Risquer la liberté, vivre dans un monde sans repères, Seuil, 2009.

Poésie et art

Petite Philosophie des mandalas, méditation sur la beauté du monde, Seuil, 2014.

Pourquoi la poésie ? L'héritage d'Orphée, Pocket, Agora, 2010.

Rainer Maria Rilke, l'amour inexaucé, Seuil, 2009.

Jackson Pollock ou l'Invention de l'Amérique, Éditions du Grand Est, 2008.

Comprendre l'art moderne, Pocket, Agora, 2007.

La Photographie, Éditions du Grand Est, 2007.

Méditation

Méditer pour les nuls, First, 2021.

Méditer, laisser s'épanouir la fleur de la vie, Marabout, 2016.

Être au monde, 52 poèmes pour apprendre à méditer, Les Arènes, 2015.

Méditer pour avoir confiance, 12 méditations guidées pour surmonter peur, angoisse et découragement, Audiolib, 2015.

Frappe le ciel, écoute le bruit, Pocket, 2015.

La Méditation, PUF, coll. « Que sais-je ? », 2014.

Méditations sur l'amour bienveillant, Audiolib, 2013.

Pratique de la méditation, Le Livre de poche, 2012.

Méditations, 12 méditations guidées pour s'ouvrir à soi et aux autres, Audiolib, 2011.

NORD COMPO
multimédia

Composition et mise en pages
Nord Compo à Villeneuve-d'Ascq

CET OUVRAGE
A ÉTÉ ACHEVÉ D'IMPRIMER
SUR ROTO-PAGE
PAR L'IMPRIMERIE FLOCH
À MAYENNE EN DÉCEMBRE 2022

N° d'édition : 553578-0. N° d'impression : 101624
Dépôt légal : janvier 2023
Imprimé en France